Entre a fé e a razão
Deus, o mundo e o homem na filosofia medieval

SÉRIE ESTUDOS DE FILOSOFIA

inter
saberes

Entre a fé e a razão
Deus, o mundo e o homem na filosofia medieval

2ª edição

Everson Araujo Nauroski

Rua Clara Vendramin, 58 . Mossunguê
CEP 81200-170 . Curitiba . PR . Brasil
Fone: (41) 2106-4170
www.intersaberes.com
editora@intersaberes.com

Conselho editorial
Dr. Alexandre Coutinho Pagliarini
Drª Elena Godoy
Dr. Neri dos Santos
Mª Maria Lúcia Prado Sabatella

Editora-chefe
Lindsay Azambuja

Gerente editorial
Ariadne Nunes Wenger

Assistente editorial
Daniela Viroli Pereira Pinto

Edição de texto
Monique Francis Fagundes Gonçalves

Capa
Denis Kaio Tanaami (*design*)
Sílvio Gabriel Spannenberg (adaptação)
Everett Collection/Shutterstock (imagem)

Projeto gráfico
Bruno Palma e Silva

Designer responsável
Sílvio Gabriel Spannenberg

Iconografia
Regina Claudia Cruz Prestes

Dados Internacionais de Catalogação na Publicação (CIP)
(Câmara Brasileira do Livro, SP, Brasil)

Nauroski, Everson Araujo
    Entre a fé e a razão : Deus, o mundo e o homem na filosofia medieval / Everson Araujo Nauroski. -- 2. ed. -- Curitiba, PR : InterSaberes, 2024. -- (Série estudos de filosofia)

    Bibliografia.
    ISBN 978-85-227-0928-1

    1. Deus 2. Fé e razão 3. Filosofia – História 4. Filosofia e religião 5. Filosofia medieval 6. Livre arbítrio e determinismo I. Título. II. Série.

23-184947   CDD-189

Índices para catálogo sistemático:
1. Filosofia medieval   189

Eliane de Freitas Leite – Bibliotecária – CRB 8/8415

1ª edição, 2017.
2ª edição, 2024.

Foi feito o depósito legal.

Informamos que é de inteira responsabilidade do autor a emissão de conceitos.

Nenhuma parte desta publicação poderá ser reproduzida por qualquer meio ou forma sem a prévia autorização da Editora InterSaberes.

A violação dos direitos autorais é crime estabelecido na Lei n. 9.610/1998 e punido pelo art. 184 do Código Penal.

sumario

dedicatória, vii
apresentação, ix
organização didático-pedagógica, xv

1 *A formação da cultura filosófica ocidental no contexto da Idade Média*, 20

    1.1 Principais acontecimentos que influenciaram o pensamento medieval, 25

    1.2 O declínio da cultura antiga, 29

2 *Helenismo e cristianismo: a transição para o pensamento medieval*, 42

    2.1 O helenismo e o advento da escola estoica, 45

    2.2 As bases e as características do pensamento filosófico cristão, 49

3 O início do pensamento filosófico cristão: a patrística, 64
    3.1 Em defesa da fé: os padres apologistas gregos, 66
    3.2 Santo Agostinho, 72
    3.3 Anicius Boethius (Boécio), 83

4 *A escolástica,* 98
    4.1 João Scoto Erígena, 102
    4.2 Santo Anselmo, 107
    4.3 Santo Tomás de Aquino, 110
    4.4 Guilherme de Ockham e a crise da escolástica, 129

5 *A filosofia árabe e sua contribuição para a cultura ocidental,* 144
    5.1 A civilização árabe na Alta Idade Média, 146
    5.2 Avicena (Ibn Sina), 150
    5.3 Averróis e o aristotelismo de viés islâmico, 153

6 *A filosofia judaica na Idade Média,* 166
    6.1 Fílon de Alexandria, 168
    6.2 O platonismo judaico, 171
    6.3 Moisés Maimônides, 173

considerações finais, 185
referências, 189
bibliografia comentada, 197
respostas, 201
sobre o autor, 209

dedicatória

Para Isadora e Raphael, meus filhos.

apresentação

Este livro traz a história da filosofia medieval sob um recorte didático que busca apontar alguns dos principais autores desse período. Seguimos uma referência cronológica de modo a situar cada período histórico em seu contexto e apresentar suas características. Ao procedermos dessa forma, buscamos proporcionar ao leitor a compreensão de que na história da filosofia as fases e as etapas que se sucedem conservam em si elementos da fase ou da etapa anterior, caracterizando-se, assim, uma abordagem histórico-dialética.

A escolha dos autores apresentados neste livro não foi uma tarefa fácil, pois o conjunto de filósofos e teólogos que fizeram parte dos mil anos de história do pensamento no Medievo é vasto e variado. Todavia, nossa escolha recaiu sobre os autores que deram uma relevante contribuição ao desenvolvimento do assunto proposto, principalmente por meio de suas reflexões sobre a relação entre o homem e Deus. Esse tema perpassou todo o pensamento produzido ao longo da Idade Média e, por isso, merece nossa atenção e estudo. Também consideramos a finalidade propedêutica deste livro, razão pela qual tivemos o cuidado de escolher autores que representam as diferentes fases do Medievo, de modo a oferecer ao leitor um panorama da discussão filosófico-teológica que girou em torno da relação entre fé e razão.

O estudo da filosofia medieval constitui etapa importante na formação da cultura filosófica dos estudantes e deveria ser de interesse do público em geral, pois representa um pré-requisito essencial para a compreensão dos problemas que fazem parte da filosofia moderna e contemporânea. Além disso, esses problemas ultrapassaram as fronteiras da discussão teórica e estão presentes no cotidiano da sociedade atual, algo bem visível na proliferação de novas igrejas e seitas, nos conflitos religiosos pelo mundo e no obscuro e deletério fenômeno da intolerância religiosa.

Temos, então, hoje, temáticas importantes que são objetos de debates e controvérsias e que trazem sob novas roupagens os assuntos que estiveram no centro da agenda filosófica do mundo medieval. Entre essas temáticas estão a existência e os atributos de Deus, as maneiras como o homem pode se relacionar com Deus e obter suas graças, as verdades de fé, o significado e as interpretações da Bíblia, a organização burocrática em torno da administração do sagrado, os lugares de adoração, a salvação do mundo e a redenção do homem, além das complicadas relações entre filosofia e teologia, ciência e religião.

Para atendermos aos objetivos propostos, dividimos este livro em seis capítulos. No primeiro, "A formação da cultura filosófica ocidental no contexto da Idade Média", abordamos o declínio da cultura clássica e o início da Idade Média, com a consolidação do cristianismo como religião oficial do Império Romano. Também são apresentados os elementos da cultura clássica antiga que estiveram na gênese da religião cristã e as causas da tensão entre cristianismo e paganismo.

O segundo capítulo, "Helenismo e cristianismo: a transição para o pensamento medieval", traz os elementos da cultura helenista que influenciaram a formação do cristianismo e da cultura ocidental. Destacamos a influência do estoicismo e de sua visão teleológica do cosmos e da vida humana e a força que teve na doutrina católica e em conceitos como *logos* e *reta razão*.

No terceiro capítulo, "O início do pensamento filosófico cristão: a patrística", examinamos as linhas mestras que orientaram a produção intelectual do período medieval, no qual a Bíblia representou a principal fonte de interlocução com a sabedoria dos filósofos antigos. Ainda nesse capítulo, organizamos um conjunto de autores e seus posicionamentos a respeito da fé como conhecimento revelado e da razão como conhecimento adquirido.

Na sequência, no quarto capítulo, "A escolástica", procuramos evidenciar a mudança de enfoque no debate entre fé e razão, abordando o pensamento de Aristóteles presente nas obras de Santo Tomás de Aquino, que se destacou como o grande autor escolástico por sua tentativa de síntese entre a filosofia grega de viés aristotélico e a teologia católica.

O quinto capítulo, "A filosofia árabe e sua contribuição para a cultura ocidental", trata dos autores dessa tradição, entre os quais destacamos dois grandes nomes: Avicena, também conhecido como Ibn Sina, e Averróis. Em ambos encontramos uma forte presença do pensamento aristotélico, utilizado por eles na tentativa de aproximar e até conciliar as verdades de fé do Alcorão com a filosofia.

No sexto e último capítulo, "A filosofia judaica na Idade Média", analisamos a contribuição do pensamento judaico, iniciando por Fílon de Alexandria e sua visão hermenêutica da Bíblia judaica, passando pelo platonismo judaico de Isaac Iudeus e finalizando com Moisés Maimônides e sua teologia negativa sobre Deus.

Vale registrar que a filosofia árabe e a filosofia judaica são tratadas nos dois últimos capítulos por causa da organização didática do livro, a fim de facilitar os estudos, pois, cronologicamente, os autores tanto de uma quanto da outra foram precursores da produção filosófica da Idade Média.

Em atendimento à proposta didático-metodológica desta obra, inserimos ao longo do texto um glossário complementar, formatado em boxes, com a função de auxiliar o leitor na compreensão dos assuntos abordados.

Ao final de cada capítulo, apresentamos uma síntese com o objetivo de recapitular as principais ideias que foram abordadas. Além disso, na seção "Indicações culturais", o leitor encontra sugestões de livros e textos complementares brevemente resenhados, bem como de filmes e/ou documentários acompanhados de uma sinopse explicativa. Por fim, propomos um conjunto de atividades teórico-práticas de autoavaliação, pelas quais o leitor tem a oportunidade de reforçar e testar os conhecimentos adquiridos.

Acreditamos que, seguindo as orientações de leitura e as sugestões de complementação dos estudos, o leitor poderá compreender os autores que formaram a base da cultura filosófica no período medieval.

Boa leitura e bons estudos!

*organização
didático-pedagógica*

Esta seção tem a finalidade de apresentar os recursos de aprendizagem utilizados no decorrer da obra, de modo a evidenciar os aspectos didático-pedagógicos que nortearam o planejamento do material e como o aluno/leitor pode tirar o melhor proveito dos conteúdos para seu aprendizado.

Introdução do capítulo

Logo na abertura do capítulo, você é informado a respeito dos conteúdos que nele serão abordados, bem como dos objetivos que o autor pretende alcançar.

Síntese

Você conta, nesta seção, com um recurso que o instigará a fazer uma reflexão sobre os conteúdos estudados, de modo a contribuir para que as conclusões a que você chegou sejam reafirmadas ou redefinidas.

Indicações culturais

Ao final do capítulo, o autor oferece algumas indicações de livros, filmes ou sites que podem ajudá-lo a refletir sobre os conteúdos estudados e permitir o aprofundamento em seu processo de aprendizagem.

Atividades de autoavaliação

Com estas questões objetivas, você tem a oportunidade de verificar o grau de assimilação dos conceitos examinados, motivando-se a progredir em seus estudos e a se preparar para outras atividades avaliativas.

Atividades de aprendizagem

Aqui você dispõe de questões cujo objetivo é levá-lo a analisar criticamente determinado assunto e aproximar conhecimentos teóricos e práticos.

Bibliografia comentada

Nesta seção, você encontra comentários acerca de algumas obras de referência para o estudo dos temas examinados.

1

A formação da cultura filosófica ocidental no contexto da Idade Média

A conduta de Deus, que dispõe todas as coisas com suavidade, é colocar a religião no espírito pela via da razão e no coração por meio da graça. Mas querer colocá-la no espírito e no coração pela força e pelas ameaças contradiz o sentido mais profundo da religião e leva ao terror.

Pascal

Neste capítulo, apresentaremos os aspectos mais importantes que marcaram a formação da cultura e da filosofia medieval. Para isso, destacaremos a instituição do cristianismo como religião oficial, a queda do Império Romano do Ocidente, em 476 d.C., em decorrência das invasões dos **povos bárbaros**, e o surgimento de um novo modelo de sociedade, o **feudalismo**.

Figura 1.1 – A intervenção das Sabinas, *de Jacques-Louis David*

DAVID, J.-L. **A intervenção das Sabinas**. 1799. 1 óleo sobre tela, 385 × 522 cm. Museu do Louvre, Paris, França.

Na Figura 1.1, temos a representação da sangrenta batalha entre romanos e bárbaros. A destruição de Roma, que era o centro urbano mundial, a pilhagem e as mortes que se seguiram às invasões indicam que o que houve durante as invasões bárbaras foi uma ação violenta e destruidora, muito mais que uma invasão de conquista e colonização. A lógica dos conflitos que levaram à destruição de Roma teve a marca da revanche e da vingança contra décadas de controle político e opressão aos povos que não aceitaram sujeitar-se ao domínio romano (Le Goff, 1983).

A queda do Império Romano do Ocidente marca o fim da Antiguidade e o início da Idade Média. Mais do que isso, com o fim do Império Romano e ao longo do período medieval, a Europa teve o desenho de suas fronteiras alterado com a definição das nações que hoje fazem parte desse território. Além do aspecto geográfico, na cultura medieval, identificamos elementos que contribuíram para a gênese e a formação da atual Europa Ocidental: a cultura greco-romana e a religiosidade judaico-cristã. Com isso, notamos que a Antiguidade Clássica forneceu elementos formadores de uma visão de mundo pela qual o conhecimento se tornou a base para o progresso da sociedade e a religiosidade estabeleceu os princípios culturais, os valores, as crenças e os símbolos que, na atualidade, ainda conservam sua força no mundo ocidental.

O desenvolvimento da filosofia e da ciência, assim como o progresso de diversos outros ramos do saber humano, como a matemática, a astronomia, a química e a física, ajudaram a formar o espírito racionalista que viria a ser predominante na cultura ocidental. Por outro lado, a forte influência da religião judaica, seu monoteísmo, seus livros sagrados, a tradição religiosa com seus profetas e o **messianismo** se constituíram em elementos centrais da nova religião, o cristianismo (Eliade, 2008).

> Eram considerados **bárbaros** para os romanos todos os povos que viviam além dos limites do Império e que não falavam o latim, ou seja, que não compartilhavam da cultura romana. Entre os povos bárbaros mais conhecidos estavam os habitantes da Germânia, como os vândalos, os francos, os saxões, os anglos, os godos e os visigodos, entre outros.
> O **feudalismo** teve início com a queda de Roma e se caracterizou por uma sociedade agrária formada por três classes: a nobreza, o clero e a plebe. As relações sociais e econômicas tinham como fundamento a vassalagem, isto é, a autoridade e a obediência entre senhores e servos respectivamente.

> O encontro dos ensinamentos da doutrina cristã com o paganismo fez com que os primeiros padres da Igreja – como ficaram conhecidos os primeiros teólogos defensores da fé – desenvolvessem um conjunto de teses e argumentos em defesa dos **dogmas** católicos, diante das ideias e pregações divergentes e consideradas **heréticas** naquela época. Assim, a filosofia medieval surgiu do esforço desses

> padres em buscar na filosofia grega, principalmente nas ideias de Platão e Aristóteles, os conceitos e os argumentos que formaram a base do pensamento filosófico cristão. Do conjunto das doutrinas elaboradas por autores que integram a plêiade de pensadores cristãos, podemos destacar as duas mais conhecidas: a patrística e a escolástica.

A grande questão que ocupou a agenda da filosofia medieval foi a controversa relação entre a fé e a razão. Ou seja, interessava a relação entre a doutrina e o conjunto de ensinamentos catequéticos sobre Deus, o mundo e o homem em busca de uma explicação racional do cosmos e da realidade humana sem o auxílio de forças sobrenaturais. A busca da filosofia medieval era tentar harmonizar os ensinamentos bíblicos, especialmente os contidos nos Evangelhos, e a cultura racional da filosofia, principalmente de matriz grega. Segundo esta última, a adesão às verdades de fé é, em si mesma, uma negação daquilo que constitui a própria essência da filosofia, que se funda em atitudes de ceticismo, indagação, crítica e análise lógica dos conhecimentos, das tradições e da realidade natural e humana. Devemos considerar que, desde muito cedo, a Igreja Católica* sentiu a necessidade de convencer as pessoas de que fazia sentido acreditar nos ensinamentos que ela pregava. A Igreja

O **messianismo**, presente no judaísmo e no Cristianismo, afirma a crença na vinda, ou retorno, do messias, um libertador enviado por Deus para restaurar a justiça e guiar a humanidade a uma era de paz e amor.

Os **dogmas** são verdades de fé que a Igreja colocava como fundamentos inquestionáveis e infalíveis.

Heréticos, segundo as autoridades eclesiásticas medievais, eram todos aqueles que não aceitavam os ensinamentos da Igreja ou que questionavam a sua doutrina.

---

* Neste livro, trataremos somente por *Igreja Católica* a Igreja Católica Apostólica Romana (Icap)

tentou mostrar que sua doutrina e seu evangelho não eram contrários à inteligência e à razão humana e que fazia todo o sentido aceitar e acreditar naquilo que ela ensinava.

Na sequência, você terá uma visão do percurso histórico do pensamento medievo com base em alguns eventos em ordem cronológica.

1.1
Principais acontecimentos que influenciaram o pensamento medieval

As datas e os acontecimentos listados a seguir servem como referência para situar você, leitor, no contexto histórico mais significativo que envolveu a formação do pensamento no período medieval.

- 250 d.C. – A filosofia de **Plotino** deu origem ao neoplatonismo, uma escola filosófica de caráter místico e religioso que influenciou o pensamento cristão, principalmente o de Santo Agostinho. Os neoplatônicos acentuaram o aspecto místico e religioso das ideias de Platão e formaram uma escola de pensamento com grande proximidade com a futura doutrina cristã. A ideia de que Deus é um ser inefável e de que tudo o que existe são emanações de sua essência ajudou a fortalecer a ideia de Deus como pai e criador.
- 313 d.C. – Constantino promulgou o Decreto de Milão, pelo qual foi permitida a liberdade de culto para os cristãos. Essa iniciativa criou uma conjuntura que ajudou o catolicismo a se estabelecer como

> O filósofo **Plotino** (205 d.C.-270 d.C.) reelaborou a filosofia de Platão num sentido místico e espiritual, o que ficou conhecido como *neoplatonismo*. Suas ideias tiveram grande influência entre os filósofos cristãos. Em sua famosa obra *Enéadas*, apresenta, entre outros, os conceitos de *uno*, a unidade divina a partir da qual tudo tem origem, e *nous*, a inteligência de Deus presente no mundo e no homem.

religião hegemônica em Roma, favoreceu a institucionalização da Igreja e sua organização hierárquica e burocrática. A medida tomada por Constantino teve o objetivo político de favorecer o monarca, mas também possibilitou, ao longo do tempo, que a Igreja estabelecesse um grande poder temporal na Idade Média.

- 395 – Ocorreu a divisão do Império Romano entre o Ocidente e o Oriente. Esse fato provocou, a médio prazo, o enfraquecimento militar da parte ocidental do Império. Em função da pressão dos germânicos, com ataques às fronteiras de Roma, houve uma fragilização social e econômica. Foi nesse contexto que a Igreja se reorganizou, agindo com habilidade e com um discurso religioso fervoroso e ameaçador que, mais tarde, converteria os reis bárbaros.
- 398 – Santo Agostinho escreveu uma de suas obras mais conhecidas, *Confissões*. Agostinho teve papel importante na cristandade tanto pela sua produção literária quanto pela liderança que exerceu como bispo da Igreja. Seus escritos ajudaram a embasar a doutrina cristã, e sua figura santificada é um ícone de que mesmo um homem perdido e orgulhoso pode alcançar a graça divina.
- 510 – O filósofo e teólogo Boécio traduziu a obra *Lógica*, de Aristóteles. Graças a nomes como o de Boécio, a produção de Aristóteles não ficou restrita ao uso intencional de sua metafísica para fundamentar conceitos católicos. A propagação de seus escritos lógicos, políticos e literários ajudou no desenvolvimento de outras áreas do saber.
- 618 – Na China, subiu ao poder a dinastia Tang. É importante registrar que mesmo longe da Europa ocorreram mudanças interessantes. Nesse período, a China, já unificada, experimentou um grande florescimento cultural, e as ideias de Confúcio, seu mais famoso sábio, ajudaram a formar um grande império.
- 622 – Teve início a era muçulmana, com a peregrinação de Maomé de Meca a Medina. Foi com a unificação dos povos do deserto, sob

a bandeira do islã, a mais nova religião monoteísta criada por Maomé, que os árabes mais tarde se espalhariam pelo mundo ocidental. No auge do Império Otomano, os muçulmanos se tornaram grandes preservadores e divulgadores da sabedoria clássica antiga dos gregos.

- 711 – Os turco-otomanos conquistaram a Península Ibérica invadindo Portugal e Espanha. O movimento expansionista dos muçulmanos deixou profundas marcas no desenvolvimento da cultura ocidental, com inestimável contribuição no desenvolvimento das ciências, como a filosofia, a medicina, a matemática e a química.

> A Casa da Sabedoria foi criada no governo do Califa Harun al-Rashid, no século I, em Bagdá, no Iraque. Logo se tornou mais do que uma biblioteca e foi considerada um centro de estudos e irradiação da cultura, da ciência e da filosofia do mundo árabe.

- 832 – Houve o florescimento da cultura árabe-muçulmana com a **Casa da Sabedoria**, criada em Bagdá. A Casa da Sabedoria foi equivalente à biblioteca de Alexandria, só que no Oriente Médio. Situada no Iraque, tornou-se o principal centro de compilação e tradução da filosofia clássica greco-romana.
- 1014 – O filósofo Avicena, também conhecido como Ibn Sina, escreveu sua obra de referência, *Kitab al-Shifa*, que significa "O livro da cura". Considerado um dos maiores pensadores da era de ouro do islã, Avicena teve papel importante na propagação da filosofia de Aristóteles. Sua atuação como médico e intelectual colocou o pensamento filosófico árabe como referência no período medieval.
- 1077 – Santo Anselmo da Cantuária escreveu sua obra *Prosilogion*, na qual apresenta seu famoso argumento ontológico sobre a existência de Deus. Foi com Anselmo que a metafísica cristã ganhou uma conotação mais mística e espiritual.

- 1099 – Têm início as Cruzadas. O Papa Urbano II conclamou os cristãos a libertar Jerusalém e o Santo Sepulcro do domínio muçulmano. Ao todo, foram nove Cruzadas, motivadas muito mais por interesses políticos e econômicos do que genuinamente religiosos. Em termos culturais, os cruzados, ao recuperarem algumas das terras conquistadas pelos muçulmanos, como Jerusalém, trouxeram também diversas obras da filosofia clássica que haviam sido traduzidas do grego para o árabe, ajudando, assim, a propagar a sabedoria dos filósofos antigos.
- 1347 – A peste negra assolou a Europa, matando um terço da população e contribuindo para uma grave crise social e econômica. Considerada uma das maiores epidemias que atingiu a humanidade, a peste negra foi vista como uma ação divina para castigar os homens por seus pecados, um aspecto que foi explorado pelo discurso religioso para reforçar sua posição no controle social da população.
- 1445 – Já em um clima renascentista, Gutenberg inventou a imprensa, acontecimento que mudou a história da leitura e da circulação de ideias e conhecimentos na sociedade.
- 1453 – Após séculos de resistência diante da ofensiva otomana, caiu a cidade de Bizâncio (Constantinopla), ocasionando o fim do Império Romano na sua parte oriental. Antes de sua queda, no vasto império do Oriente, sob domínio de imperadores católicos como Teodósio e seus dois filhos, Arcádio e Honório, ocorreu a unificação religiosa de toda a cristandade, combatendo o **arianismo** e fazendo desaparecer os focos de seguidores do paganismo. A visão de mundo

O **arianismo** constitui uma interpretação da natureza divina da Trindade que é considerada erética pela Igreja. Formulado por Ário, um religioso cristão do século IV, o arianismo postula que só existe Deus como criador único e eterno e que Jesus não é consubstancial ao Pai, mas foi criado como instrumento de mediação entre o espírito de Deus e o mundo material.

cristã sofreria um duro revés com a tomada de Constantinopla pelos turcos e a expansão do islamismo.

- 1492 – O famoso explorador italiano Cristóvão Colombo cruzou o Oceano Atlântico, iniciando a exploração das Américas. A descoberta do novo território teve implicações geográficas importantes na compreensão da navegação pelo Oceano Atlântico e na atualização da cartografia mundial. Mais do que isso, a descoberta de Colombo ajudou na expansão da fé católica, que foi acompanhada de consequências trágicas para os povos do Novo Mundo, com os conflitos, a violência e o extermínio que fizeram parte desse encontro.

Esses eventos nos fornecem alguns elementos de referência e nos ajudam a formar uma visão panorâmica dos principais fatos, nomes e acontecimentos que influenciaram o pensamento medieval. Precisamos ter em mente, contudo, que não resumem a riqueza e a complexidade desse longo período histórico. Como maneira de fornecermos ainda mais base para o estudo sobre essa época, disponibilizaremos, ao final do capítulo, indicações culturais para o aprofundamento desse e de outros temas relacionados à Idade Média.

1.2
O declínio da cultura antiga

Para compreendermos melhor o início da Era Medieval, é necessário voltar um pouco na história. No Capítulo 2, aprofundaremos a análise da relação entre o cristianismo e o helenismo, mas, por ora, é importante destacar algumas informações para contextualizar esse assunto.

A compreensão da relação entre a filosofia grega e o cristianismo está associada à figura de Alexandre, o Grande e à helenização do mundo que ele conquistou. A expansão do Império Macedônico promoveu a divulgação da visão de mundo grega, isto é, ajudou a espalhar uma forma de conhecimento que tinha na filosofia sua expressão máxima. A lógica e a racionalidade tornaram-se marcas de uma cultura que, segundo o sonho de Alexandre, estava destinada a levar beleza e esclarecimento aos povos bárbaros e civilizá-los. Assim, a gênese do pensamento filosófico cristão e tributário de um império e de um movimento cultural é que fez da razão o principal elemento de mediação entre o homem e o mundo.

A figura de Alexandre se destacou não só por suas lendárias vitórias, mas pela flexibilidade em seu *modus operandi* de administrar as cidades e nações conquistadas. O *helenismo*, como ficou conhecido o sincretismo das culturas gregas e orientais, caracterizou-se pela flexibilidade em dialogar, assimilar e acomodar outras culturas e tradições (Veyne, 2011).

Ressalvas à parte, práticas semelhantes também foram implementadas pelo Império Romano ao disseminar diferentes culturas e religiões entre os povos conquistados. Cabe assinalar que, em relação ao cristianismo, no entanto, os romanos se depararam com um forte obstáculo a sua assimilação e controle. A prática da **idolatria**, de cultuar diferentes divindades, era proibida aos cristãos por ser considerada um grave pecado, uma ofensa ao Deus único e verdadeiro. Isso fez com que o Império rejeitasse e reprimisse a nova religião. Perseguidos, os cristãos foram obrigados a se manter na clandestinidade por mais de 300 anos.

> O termo ***idolatria*** faz referência ao culto religioso e à adoração a ídolos, como seres da natureza e objetos mágicos, ou ainda ao apego exagerado a ideias, valores e símbolos. Na tradição bíblica, também o dinheiro é visto como ídolo e usurpador do lugar de Deus. A idolatria, portanto, acontece quando o homem passa a absolutizar coisas transitórias.

A crise interna no Império e as constantes pressões dos povos bárbaros, que, posteriormente, invadiram Roma, fizeram o imperador Constantino perceber que seria suicídio político governar contra os cristãos (Le Goff, 1983). Assim, em 380 d.C. o imperador oficializou o cristianismo como religião nacional em todo o império.

Posteriormente, Constantino mudou a capital do Império para a cidade de Bizâncio, que foi rebatizada como *Constantinopla* (atual Istambul).

O imperador tinha como objetivo melhorar a administração do Império, e a mudança foi uma escolha estratégica, pois a nova capital era uma importante rota mercante e portuária entre a Europa e a Ásia. Contudo, o vácuo no poder que se instalou em Roma foi ocupado por bispos católicos. Sedentos pelo poder, eles acabaram por eleger um papa, um líder com capacidade de centralizar o poder religioso e aglutinar diferentes forças dentro e fora da Igreja.

Progressivamente, a Igreja se beneficiou da proximidade entre os poderes do rei e do papa, fazendo emergir um Estado vinculado ao poder religioso. Mais do que isso, a religião católica, por sua forte influência entre as classes, exerceu um poderoso controle social benéfico tanto ao rei quanto ao clero. A coesão social alcançada no período medieval, graças, em grande parte, à cultura religiosa, ajudava na estabilidade política e na manutenção de uma ordem social que mantinha intactos os privilégios da nobreza e do clero.

Figura 1.2 – Coroação do Rei D. Henrique IV de Castela (1454-74)

COROAÇÃO do Rei D. Henrique IV de Castela (1454-74). In: CRÔNICAS de Froissart. 1470-1472. Biblioteca Britânica, Londres, Reino Unido.

A Figura 1.2 retrata a aproximação do poder eclesiástico com o poder político do rei. A coroação e a sagração dos reis eram eventos religiosos, via de regra presididos pelo papa. Ao longo da Idade Média, o poder da

Igreja alcançou tamanha força que havia uma expressão latina muito popular e conhecida nessa época: *Roma locuta, causa finita est*, que significa "Roma falou, a questão está encerrada". Isso se dizia em relação à resolução de diferentes conflitos envolvendo interesses antagônicos entre os notáveis da sociedade medieval, o que incluía disputas entre reis e nações. No curso da história, com a consolidação do poder da Igreja na figura do papa e a formulação de uma doutrina religiosa oficial, a Igreja Católica se tornou o maior poder em toda a Europa.

Vale lembrar que o cristianismo como religião organizada surgiu do centro para a periferia, uma religião urbana que, ao expandir-se em direção às áreas rurais, se deparou com diferentes práticas religiosas pagãs já existentes. Esse encontro com a religião pagã foi permeado de situações de tensão e conflitos. Ou seja, o processo de **aculturação** não ocorreu de forma harmoniosa (Eliade, 2008).

> **Aculturação** refere-se ao processo social e político pelo qual grupos e indivíduos são forçados a se adaptar a outra cultura invasora ou dominante. Entre os exemplos mais conhecidos está o que resultou das conquistas espanholas e portuguesas nas Américas.

No ano de 476 d.C., Roma não resitiu e sucumbiu aos invasores. Hordas de bárbaros varreram a Europa, obrigando moradores das cidades a fugir para o campo. Entre os povos que invadiram e conquistaram Roma estavam os germanos, habitantes da Germânia, formados pelos francos, anglos, saxões, godos e vândalos. Pressionados pela ocupação da Germânia pelos hunos vindos da Ásia, os povos germanos, que conheciam a fragilidade política e militar do Império, viram a invasão do território romano como a melhor alternativa de sobrevivência. Só assim eles teriam acesso a grandes porções de terras cultiváveis e estradas para sua locomoção (Le Goff, 1994).

Foi assim que a antiga glória do centro do mundo acabou reduzida a ruínas. Surgiu, então, uma nova forma de organização social e política – o feudalismo – e, com ela, teve fim a antiga unidade política alcançada pelos romanos. Essa mudança favoreceu o surgimento de vários reinados em toda a Europa, os quais posteriormente dariam origem aos diversos Estados europeus (Le Goff, 1994). A Idade Média durou cerca de mil anos, de 476 d.C., na queda de Roma, até o ano de 1453, com a conquista de Constantinopla pelos turcos. Além dessa divisão cronológica, a historiografia costuma dividir a época medieval em três períodos, a saber:

1. Alta Idade Média – que vai dos séculos V a X;
2. Idade Média Central – que compreende os séculos X a XIII;
3. Baixa Idade Média – localizada entre os séculos XIV e XV.

É, então, nesse contexto de crise e fortes mudanças que a Igreja Católica conseguiu se sobressair e se fortalecer como instituição religiosa hegemônica, com forte influência cultural e política. Sua doutrina da salvação e as pregações intensas a respeito do pecado, do juízo final e do inferno foram capazes de converter os mais fortes e corajosos reis bárbaros. O zelo por manter seus domínios e guiar seu crescente rebanho fez com que a Igreja tutelasse a cultura. Desse modo, as formas de pesquisa e conhecimento ficaram restritas à produção teológica em defesa da fé. As ideias e comportamentos divergentes dos ensinamentos cristãos eram rotulados de *heresias*, que posteriormente foram cruelmente reprimidas pela **Inquisição**. É inegável que o aumento da influência da Igreja permitiu que ela acumulasse força e riqueza, tornando-se a mais poderosa instituição dessa época (Law, 2009).

> A **Inquisição** surgiu como uma ação da Igreja Católica para conter o avanço de ensinamentos heréticos. Na prática, funcionou como um tribunal, com poderes de acusar, interrogar e torturar os que eram denunciados por cometer crimes contra a fé católica, como bruxaria e heresias. Via de regra, os condenados eram punidos com a morte. Em muitos casos, a vítima era queimada em praça pública como forma de alertar o povo sobre o destino reservado aos inimigos da igreja.

Síntese

Ao longo deste primeiro capítulo, examinamos os acontecimentos que deram início à Idade Média. Vimos que, dentre eles, a queda do Império Romano Ocidental em 476 d.C. foi o mais importante e se deveu principalmente à invasão dos povos bárbaros. O resultado das mudanças advindas desse acontecimento culminou no feudalismo, uma nova organização social e política baseada em relações de poder e obediência, com uma economia agrária e uma organização social estamental dividida em três classes: clero, nobreza e plebe.

Devemos lembrar que, em meio a essas transformações, a Igreja Católica sobreviveu e se reorganizou, vindo a se tornar a instituição mais poderosa da época. O poder era tão grande que os conflitos que surgiam envolvendo nobres e reis eram decididos pela mediação e intervenção do papa.

Vimos também que, no período medieval, foram gestadas as nações que deram origem à Europa. Apresentamos também os elementos que estiveram na gênese da cultura europeia, a saber: a cultura greco-romana e a religiosidade judaico-cristã.

Mostramos ainda que o cristianismo, em sua origem, foi perseguido e só depois de três séculos de existência veio a se tornar a religião predominante, em decorrência de uma ação política e estratégica do Imperador Constantino. É preciso lembrar que, durante o período de domínio da Igreja Católica, existiram conflitos envolvendo as ideias heréticas que divergiam da doutrina cristã, de suas verdades e de seus dogmas. Nessa perspectiva, a filosofia medieval, em grande medida, representou o esforço de teólogos e pensadores cristãos para defender e justificar racionalmente os ensinamentos da Igreja sobre as verdades bíblicas, principalmente as contidas nos Evangelhos.

O lado sombrio das ações da Igreja para proteger sua doutrina refletiu-se em uma defesa que se tornou um ataque direto e violento, com perseguição e punição de opositores. Trata-se da Inquisição, um tribunal eclesiástico que acusava, julgava e condenava à morte os hereges, que eram tidos como inimigos de Cristo e de sua igreja.

Indicações culturais

Nestas indicações, procuramos trazer livros e referências diferentes das fontes utilizadas na elaboração desta obra. Fizemos essa opção a fim de ampliar ainda mais as possibilidades do leitor em seus estudos.

Livros

BARK, W. C. **Origens da Idade Média**. Rio de Janeiro: Zahar, 1979. Trata-se de uma obra na qual o autor fornece um estudo detalhado sobre a Era Medieval, apresenta análises sobre diversos fatos que envolveram a queda do Império Romano e questiona, ao longo do livro, as avaliações extremas sobre a Idade Média como uma época de trevas ou de luz. Seu olhar sobre a questão da economia do Império Romano mostra, além desse, outros fatores que contribuíram para sua derrocada, inclusive em relação aos povos invasores. O autor também dedica inúmeras páginas para demonstrar como o cristianismo se fortaleceu para se tornar uma instituição hegemônica. Com certeza, é uma leitura recomendada para quem quer compreender aspectos complementares da filosofia e da religião no Medievo.

Filmes

A QUEDA do Império Romano. Direção: Anthony Mann. EUA: Silver Screen, 1964. 188 min.

Trata-se de um filme épico sobre o período histórico em questão e que não apresenta rigor em termos de fidelidade aos fatos e acontecimentos do período. Sua narrativa visa a uma representação cinematográfica, não sendo, portanto, um documento histórico em essência. Contudo, a riqueza da produção permite a reconstrução daquele contexto. O foco é o curso do Império Romano, seu auge, sua expansão e sua decadência, com destaque para o personagem do General Lívio, que, sob o comando do imperador Marco Aurélio, busca a pacificação das fronteiras do Império. No entanto, quando o trono e o comando do exército são passados para Commudus, filho bastardo do imperador, o Império rapidamente é mergulhado no caos político e administrativo, com enfraquecimento da segurança de suas fronteiras – uma conjuntura que teria facilitado as invasões e a queda de Roma.

SPARTACUS. Direção: Robert Dornhelm. EUA: Universal Pictures, 2004. 174 min.

O filme conta a história de um escravo que foi obrigado a se tornar gladiador. Diante da condição de vida degradante a que é submetido e da morte de seu amigo, que desafiou a plateia de nobres romanos, Spartacus organiza uma revolta de escravos e gladiadores. Ela se alastra por metade de Roma e, por um tempo, ameaça a estabilidade política na sede do Império. O filme traz chocantes cenas de luta e uma bela fotografia, que recria o mundo da época. O ponto forte da película é mostrar o lado perverso e sombrio da sociedade romana, que se diverte e se aliena em meio ao espetáculo de carnificina.

Atividades de autoavaliação

1. Em relação ao período medieval, considere as assertivas a seguir e assinale a opção correta:
   a) Na Idade Média, predominavam religiões politeístas com diferentes cultos e locais de adoração.
   b) O período medieval durou aproximadamente mil anos, durante os quais a religião católica alcançou grande prestígio e poder.
   c) O cristianismo veio a se tornar a religião oficial do Império Romano logo no seu início, graças à atuação dos cristãos que pertenciam à nobreza e que se converteram à nova religião.
   d) Entre os povos bárbaros que invadiram e saquearam Roma estavam os turcos, os espanhóis e os portugueses.

2. Em relação à queda de Roma, avalie os itens a seguir e assinale V para as afirmações verdadeiras e F para as falsas:
   ( ) O Império Romano representou a continuidade do Império de Alexandre, o Grande com a união entre gregos e romanos.
   ( ) Entre as causas para a queda do Império Romano estão a fragilização política, a má administração interna e o descuido com as fronteiras.
   ( ) Um elemento motivador para as invasões bárbaras foi a crise política em Roma e a concentração das terras e dos portos pelos romanos.
   ( ) Uma vez tendo dominado Roma, os povos invasores formaram um governo de coalizão e instituíram uma nova república.

   Agora, assinale a alternativa que corresponde corretamente à sequência obtida:
   a) F, V, V, F.
   b) V, F, F, V.

c) F, F, V, F.
d) V, V, F, V.

3. Em relação ao feudalismo, assinale a opção correta:
   a) Representou uma economia agrária com fortes laços de autoridade e vassalagem, na qual existiam três classes: o clero, a plebe e a nobreza.
   b) Trata-se de uma organização política e social com poder centralizado em um único rei.
   c) O feudalismo era uma grande porção de terras onde moravam os nobres e os servos e todos participavam da divisão social do trabalho.
   d) A religião cristã na Idade Média colocou-se ao lado da plebe e desenvolveu, ao longo desse período, uma prática pastoral em defesa dos mais pobres e desvalidos.

4. Em relação à formação do Medievo e ao início da filosofia cristã, marque a alternativa correta:
   a) O pensamento filosófico grego teve pouca influência na formação da filosofia medieval.
   b) Além das ideias de Platão e Aristóteles, também as escolas helenísticas, como o estoicismo, tiveram grande influência entre os pensadores medievais.
   c) Outras escolas que contribuíram para a formação do pensamento cristão foram os céticos e os pitagóricos.
   d) Podemos afirmar que a doutrina católica recebeu importantes contribuições de Santo Agostinho e Santo Tomás de Aquino e que estes se mantiveram autônomos e independentes em relação à influência grega, produzindo um pensamento original.

5. Entre os povos bárbaros que invadiram Roma e provocaram a queda do Império Romano do Ocidente estavam:
   a) francos, anglos, saxões, godos e visigodos.
   b) ostrogodos, hunos e chineses.
   c) suevos, visigodos, orientais, asiáticos e indianos.
   d) gregos e macedônicos, persas, saxões e francos, bem como muitos outros da região da Germânia.

Atividades de aprendizagem

Questões para reflexão

1. Considerando a influência política da Igreja medieval, você diria que a Inquisição pode ser vista como uma manifestação de zelo religioso ou controle social? Justifique sua resposta com argumentos.

2. Considerando a proximidade entre o poder religioso (Igreja) e o poder político (rei), como você interpretaria a expressão "entre a cruz e a espada"?

3. Considerando sua forma pessoal de ver o mundo e o papel das crenças e instituições religiosas, se você tivesse vivido no período medieval, teria sido um bom cristão ou um suspeito de heresia? Tente explicar seus motivos para ser um ou outro.

4. Com base nas leituras realizadas, elabore um quadro comparativo com a finalidade de evidenciar os aspectos positivos e negativos da Idade Média.

Atividade aplicada: prática

Com base no filme *Spartacus* (comentado na seção "Indicações culturais"), procure caracterizar a sociedade romana daquela época.

> Em nome de Deus, justifica-se o mundo estamental e excludente do Medievo, no qual quem reina o faz pela vontade de Deus, assim como está sob o mesmo desígnio divino aquele que serve e morre. Assim, só resta ao insurgente, ao rebelado, ao herege viver entre a cruz e a espada.

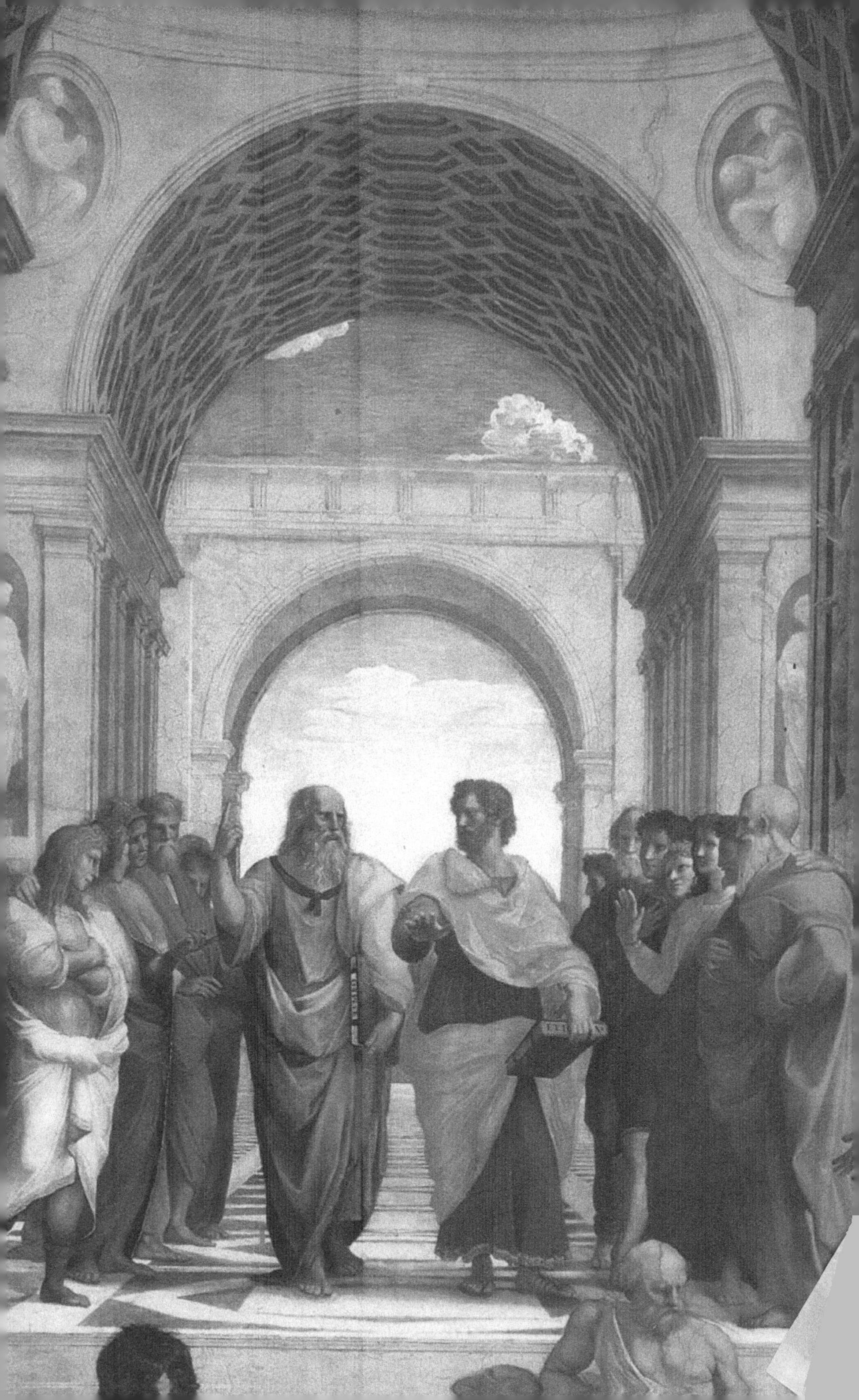

2

Helenismo e cristianismo: a transição para o pensamento medieval

Neste capítulo, aprofundaremos o estudo sobre o Império Macedônico e o helenismo. Nosso objetivo é mostrar como eles influenciaram a formação da cultura ocidental e a reconfiguração geopolítica da Grécia. A filosofia perdeu seu referencial público-político na pólis, passando por uma reorientação em sua agenda e voltando-se às questões existenciais de cunho individual. As escolas que surgiram nesse período foram chamadas de escolas helenísticas. Entre elas, destacamos o estoicismo, em virtude da influência que esse movimento teve no cristianismo.

Figura 2.1 – *A Batalha de Isso (detalhe)*

A BATALHA de Isso (detalhe). [ca. 100 a.C.]. 5,84 × 3,17 m. Museu Arqueológico Nacional de Nápoles, Nápoles, Itália.

Na Figura 2.1, vemos o imponente Alexandre, o Grande, um dos mais jovens generais da história, que, ao expandir seu império, ajudou a forjar a cultura ocidental. O legado grego, transmitido pelos macedônicos, redesenhou as fronteiras do mundo antigo, chegando até a Índia. Sonhando com a unificação do mundo, Alexandre tencionava "civilizar" as diferentes nações que dominava, levando a filosofia, a arte e as ciências gregas como elementos de avanço e progresso para todos os povos conquistados (Carvalho, 2006).

Seu método de expansão bem-sucedido baseava-se na acomodação e na assimilação:

- acomodação do poder local ao Império, pois, ao avançar sobre uma cidade, incumbia a seus soldados a tarefa de se casar com mulheres locais, tornando-se responsáveis pela administração local e atuando como altos funcionários do Império;
- assimilação dada pela liberação religiosa e cultural dos conquistados, numa relação entre o novo e o velho, entre as culturas do

Ocidente e do Oriente, integrando-se costumes, valores e crenças. Esse sincretismo cultural ficou conhecido como *helenismo*.

2.1
O helenismo e o advento da escola estoica

São várias as influências helenísticas na cultura cristã, na arte, na literatura, na arquitetura, na ciência, na filosofia e até mesmo na racionalização da vida urbana com o planejamento das cidades. Era possível encontrar a influência da engenharia macedônica tanto nas novas quanto nas antigas cidades, construídas ou reformadas em forma de grades. Eram parecidas com as cidades que temos hoje, com ruas, quadras, bairros, praças, casas e prédios da administração, tudo formando uma ordem bem disposta e disciplinada do espaço urbano. Na prática, além de favorecer a organização e a logística internas, a disposição em grades, e não em formações sinuosas e labirínticas, como as cidades persas, funcionava como um lembrete da marca e da presença do domínio imperial. Além disso, os engenheiros de Alexandre deixavam como legado a presença de templos, **ágoras**, teatros e praças, verdadeiros centros de irradiação da cultura grega em diferentes regiões do mundo (Toynbee, 1963).

> **Ágora** era o nome dado a praças e lugares públicos onde geralmente os cidadãos gregos se reuniam para discutir assuntos relacionados à cidade e aos seus interesses.
>
> *Eclésia*, em grego *ekklesia*, designa a principal assembleia da democracia em Atenas. Aberta a todos os cidadãos, era uma iniciativa soberana com poderes para legislar e deliberar sobre assuntos públicos da cidade.

As consequências filosóficas do helenismo estiveram relacionadas ao fim da política como atividade soberana na *pólis*, denominação das cidades-Estado presentes em toda a Grécia (entre as mais conhecidas estão Atenas e Esparta). Precisamos lembrar que antes que o Império Macedônico dominasse a Grécia, a vida pública representava o espaço privilegiado de participação dos cidadãos, discutindo-se nas assembleias – ou **eclésias** – os destinos da cidade. O escopo da formação filosófica presente nos ensinamentos de Sócrates, Platão e Aristóteles tinha como referência esse contexto sociopolítico (Chaui, 2003).

Cosmopolita, no contexto das filosofias helenísticas, refere-se à formação do indivíduo para uma cidadania global, para além de referências cívicas, patrióticas ou ideológicas. Cada indivíduo deve ser senhor de si mesmo num projeto político planetário que transcenda aos limites territoriais, jurídicos e culturais de cunho local ou regional.

A formação do bom cidadão, a busca por sabedoria e felicidade, a vida ética, a prática do bem e da justiça eram ideais que se materializavam no espaço cívico da cidade. Com o advento do Império Macedônico, a centralização da administração, a esfera pública, como descrita anteriormente, desaparece. Diante dessa nova configuração social e política, a temática da filosofia se deslocou da vida pública para a vida privada. O mundo passou a ser o horizonte existencial dos indivíduos, num ideal **cosmopolita**. A questão que se levantou e que foi respondida em parte pelas filosofias que surgiram nesse período é: como viver bem e ser feliz num mundo em mudança? Cada um a seu modo – estoicos, epicuristas, céticos e cínicos – buscou oferecer caminhos e alternativas para essa questão. Dentre essas escolas, a que encontrou maior ressonância no seio da doutrina cristã foi a estoica.

Teleologia refere-se ao ensinamento doutrinário de que existem fins últimos que podem ser captados e realizados pela sociedade, pelo indivíduo ou por toda a humanidade.

Fundada por Zenão de Cítio, que viveu entre os anos de 336 a.C. e 264 a.C., a escola estoica recebeu esse nome porque seus adeptos costumavam se reunir sob os pórticos (*stoa*, em grego) das construções de Atenas.

A concepção da escola estoica é a de que existe uma razão superior (*logos*) que governa o Universo, já que tudo o que acontece no mundo de alguma forma reflete um sentido, um fim, portanto, uma **teleologia** sobre os destinos humanos. Outro importante ensinamento refere-se ao dever e à reta razão. Para o estoico, mesmo diante da dor e do sofrimento, a conduta deve ser guiada pela reta razão, que, em última análise, precisa se conformar com o *logos* que a tudo governa. Embora o homem não possa, em sua condição finita e limitada, alcançar os desígnios mais profundos que cercam o sentido do mundo e de sua vida, deve confiar no *logos* e aceitar seus desígnios, conformando-se com a misteriosa vontade dele.

Para a escola estoica, o sentido da vida consiste em deixar as coisas de acordo com a ordem natural.

Entre os mais renomados estoicos está Marco Túlio Cícero, que viveu entre 106 a.C. e 43 a.C. e também foi filósofo, orador, escritor e advogado. Nele podemos encontrar a seguinte interpretação sobre a razão de que falava Zenão:

> *A razão reta, conforme à natureza, gravada em todos os corações, imutável, eterna, cuja voz ensina e prescreve o bem, afasta do mal que proíbe e, ora com seus mandatos, ora com suas proibições, jamais se dirige inutilmente aos bons, nem fica impotente ante os maus. Essa lei não pode ser contestada, nem derrogada em parte, nem anulada; não podemos ser isentos de seu cumprimento pelo povo nem pelo senado; não há que procurar para ela outro comentador nem intérprete; não é uma lei em Roma e outra em Atenas, uma antes e outra depois, mas una, sempiterna e imutável, entre todos os povos e em todos os tempos; uno será sempre o seu imperador e mestre, que é Deus, seu inventor, sancionador e publicador, não podendo o homem desconhecê-la sem renegar-se a si mesmo, sem despojar-se do seu caráter humano e sem atrair sobre si a mais cruel expiação, embora tenha conseguido evitar todos os outros suplícios.*
> (Cícero, 1995, p. 75)

Tomando as palavras citadas, sem referência a seu autor e à época em que foram escritas, poderíamos dizer com tranquilidade que se trata da fala de um teólogo católico da Idade Média, defendendo que Deus é fonte última do bem, da lei e da justiça. Aliás, séculos depois, essa temática foi retomada por Santo Tomás de Aquino, quando expôs argumentação similar informando que o fundamento da lei natural é a lei divina, a qual pode o homem captar com sua inteligência.

A seguir, apresentamos uma tira contemporânea que remete aos ensinamentos estoicos.

A tira de Calvin e Haroldo trata da felicidade, um assunto importante na temática da filosofia estoicista. Para os estoicos, o segredo da felicidade é o bem viver, e é necessário aceitar como naturais o sofrimento e a morte. Na tira, essa ideia é reforçada como parte de uma razão maior, que, embora se manifeste nas leis da natureza e no ciclo da vida, pelo homem, por sua condição finita e limitada, não pode ser plenamente compreendida, restando ao estoico a conformidade e a aceitação. Por meio dessa atitude de conformidade; racionalizada, é possível viver em paz. Trata-se de uma questão com a qual nos deparamos cotidianamente; as perdas que sofremos de entes queridos, por exemplo, impõem a nós a necessidade de dar um sentido ao sofrimento e à morte.

Como mencionamos anteriormente, as filosofias helenísticas, como é o caso do estoicismo, buscavam apresentar uma alternativa ao problema da vida, que antes estava associado à vida pública na *pólis*. Contudo, num mundo em transformação e sob o domínio de um império, o caminho da felicidade talvez esteja na vida interior, no fortalecimento da própria subjetividade diante dos infortúnios. Ver o sofrimento e a morte como parte da vida constitui um dos pilares do estoicismo.

De modo geral, o homem estoico representa o protótipo do cristão – um indivíduo de vida simples e austera, de temperamento equilibrado e vontade inquebrantável, alguém que entrega sua vida ao *logos* (Deus), que governa o Universo. A partir dessa entrega, a vida ganha um novo sentido, e a felicidade surge como um horizonte de conformação com a vontade divina, com a crença de que Deus conhece e traçou todos os destinos dos homens e de que a vida orientada pela palavra divina e pelo magistério da Igreja garante a salvação dos convertidos.

2.2
As bases e as características do pensamento filosófico cristão

Anteriormente, analisamos a influência do helenismo na doutrina cristã, com atenção em alguns elementos do estoicismo. Nesta seção, buscaremos compreender algumas especificidades da filosofia produzida na Idade Média.

Um traço característico do pensamento medieval é a ideia de que a filosofia tinha uma importância coadjuvante, sendo uma ferramenta auxiliar da teologia. Para Gilson (2002), isso se deveu à clara fronteira epistêmica entre fé e razão, sendo a filosofia um conhecimento importante, mas limitado, pois era adquirido racionalmente pelo esforço humano. Por sua vez, a fé seria complementada pela pesquisa teológica e partiria de verdades mais profundas, reveladas como uma forma de conhecimento pleno e superior.

Obviamente, esse entendimento não é unânime entre os historiadores da filosofia. O fato é que o cristianismo, na expressão de seus teólogos (entre os mais conhecidos, Santo Agostinho e Santo Tomás de Aquino), buscou fundamentos para suas teses e argumentos numa leitura direcionada e enviesada da filosofia grega.

O desafio do cristianismo, como religião emergente, foi o de oferecer para o problema do mal no mundo e para o sentido da vida uma solução diferente daquela existente no paganismo, que era **politeísta**. A disputa pelos corações e mentes dos homens enveredou pelo caminho trazido pelo helenismo, que, até certo ponto, funcionou como pano de fundo cultural, como uma ponte que permitiu o diálogo entre o evangelho e a filosofia grega, assumindo a forma de síntese na tradição filosófica cristã do Medievo.

> O **politeísmo** admite a existência de diferentes deuses e divindades. Trata-se de uma crença que remonta às religiões animistas, passando pelas grandes civilizações antigas como a romana, a egípcia e a mesopotâmica. É muito comum que no politeísmo ocorra o antropomorfismo, no qual as divindades assumem formas humanas ou uma composição híbrida de homem e animal.

A alternativa para vencer o mal e alcançar a salvação trazida pelo cristianismo teve na forma teísta, organizada com base em uma teologia racionalizada, sua grande novidade. Nesse momento, a herança recebida da religião judaica foi elevada a um novo nível, pois a doutrina monoteísta ganhou novos contornos conceituais com o pensamento platônico-aristotélico. Crer num único Deus criador e salvador tomou a forma de uma doutrina filosófica e moral ordenadora da vida individual e social. Assim, a reformulação conceitual em torno do mal passou a ser repensada com base no conceito de pecado como expressão do livre-arbítrio do homem. Ou seja, o mal é acima de tudo uma condição moral do homem que se afastou de Deus. Essa formulação, aliás, recebera no pensamento agostiniano sua forma mais acabada (Eliade, 2008).

Foi assim que, com base na filosofia cristã, desenvolveu-se uma doutrina da salvação que se converteu numa teleologia totalizante. O relato bíblico da criação e do pecado original colocou a humanidade como escopo **escatológico**, que encontraria redenção pela morte e ressurreição de Jesus. Viver, sob a ótica da moral cristã, passou a ser visto como assumir a condição de culpabilidade pelo pecado original e receber uma nova vida pelo batismo. Assim, a filosofia cristã tomou a forma de uma doutrina moral que se materializou nos **sacramentos** e na aceitação dos dogmas de fé. Apesar disso, trata-se de uma doutrina que só ganha sentido e consistência por versar sobre verdades de fé racional e conceitualmente elaboradas.

Um exemplo da complexidade das elaborações das verdades de fé é o conceito de *transubstanciação* elaborado por Santo Tomás de Aquino, a quem dedicaremos um capítulo específico. Esse conceito foi desenvolvido com base na metafísica de Aristóteles para fundamentar filosófica e teologicamente a transformação do pão em carne e do vinho em sangue, um milagre que acontece durante a celebração da missa, quando o sacerdote consagra a **eucaristia**. Não se trata somente de crer e aceitar as verdades reveladas, mas de entendê-las, compreendendo racionalmente, tanto quanto possível ao alcance humano, os mistérios que envolvem a fé e a salvação dos homens.

> **Escatologia** é um tipo de estudo presente em diversas religiões, inclusive no cristianismo, que trata do destino final da humanidade e do mundo. Via de regra, tem uma dupla expressão: profética, quando antecipa a intervenção divina, e apocalíptica, quando apresenta o juízo final.
>
> Na tradição católica, os **sacramentos** referem-se aos sinais deixados por Cristo para marcar a graça de Deus e a presença do Espírito Santo na vida da comunidade e do cristão. São sete: batismo, crisma, eucaristia, penitência, unção dos enfermos, sacerdócio e matrimônio.
>
> Na doutrina católica, a **eucaristia** é o ponto alto da fé em Cristo, pois o sacerdote, ao pronunciar as palavras do ritual, opera a transformação do pão em carne e do vinho em sangue.

Passemos, então, à avaliação histórica do plano social e institucional que envolveu o cristianismo no Medievo. Nesse aspecto, no entanto, as opiniões se dividem. Existem basicamente duas leituras muito presentes entre os estudiosos desse período. De um lado, alguns autores consideram a Idade Média a "Idade das Trevas", como Magee (2000) e Law (2009), que a descrevem como um período de retrocesso cultural, obscurantismo e intolerância, com a famosa caça às bruxas e a Inquisição. De outro lado, autores como Reale e Antiseri (2003) e Marcondes (2007) contextualizam diversos aspectos positivos desse período, como a arte gótica (ver Figura 2.2), a pintura sacra, o surgimento das universidades e o florescimento da lógica e da teologia.

Figura 2.2 – A anunciação, *de Simone Martini**

MARTINI, S. **A anunciação**. 1333. 1 têmpera sobre madeira: color.; 184 × 210 cm. Galeria Uffizi, Florença, Itália.

---

* Simone Martini (1386-1441) foi um dos pintores mais importantes da arte gótica no século XIV, na Itália

Entre os dois modos de pensar, acreditamos que sejam necessários um olhar crítico e considerações criteriosas sobre este instigante período da história, que foi a Idade Média. Contudo, não podemos cair no lugar comum de avaliações ora de autores confessadamente cristãos, ora de autores ateus cujas interpretações tendem ao ponto de vista ideológico e religioso de cada um. Seja como for, o fato é que a cultura religiosa medieval tem tamanha proporção na sociedade e na vida humana que foi estudada, posteriormente, pelos historiadores como um paradigma predominante, isto é, como uma macrovisão que abarcava o conjunto das manifestações daquela época. É o que veremos na subseção a seguir.

2.2.1 O teocentrismo

A influência da Igreja Católica se irradiou por toda a Europa, e seu domínio intelectual redesenhou o mapa cultural, colocando Deus como valor máximo na pirâmide axiológica da cristandade. Estamos falando do Deus católico, portanto, indiretamente, a cosmovisão teocêntrica colocava a Igreja como uma realidade ao mesmo tempo terrena e sagrada, humana e divina, santa e pecadora, mas, acima de tudo, uma comunidade espiritual de homens e mulheres estabelecida por uma filiação divina.

A Igreja foi concebida, então, como mãe e guia, mestra a conduzir a humanidade, por meio de seu magistério, a Deus, oferecendo aos homens sua palavra, suas promessas, suas bênçãos e a possibilidade de salvação. Nessa lógica, os ministros de Deus – padres, bispos e o papa – convertem-se em arautos da mensagem divina, gozando de todo o poder e prestígio que a majestade de Deus lhes permitia (Le Goff, 1994).

A mensagem de Cristo, no evangelho, sobre justiça, amor e pobreza parecia destoar em relação ao poder e à ostentação alcançados pelo clero desse período. Isso não tardou a ser alvo de críticas, seja por tentativa de volta às origens, como no caso das **ordens mendicantes** – a exemplo de dominicanos e franciscanos –, seja pelos precursores do protestantismo – como John Wycliff, que ensinava em Oxford, na Inglaterra, e Jan Huss, da Universidade de Praga. Ambos são anteriores a Lutero (Gilson, 2002).

> As **ordens mendicantes** surgiram no século XIII com uma conotação de volta às origens evangélicas de uma vida de oração, penitência e a prática de boas obras. Eram formadas por religiosos que atuavam principalmente nas cidades que cresciam. Entre as mais conhecidas ordens figuram a dos franciscanos, carmelitas e agostinianos.

Sabemos que a fé católica exigia uma adesão total ao seu credo. Essa adesão, por sua vez, tinha dois caminhos: o batismo puro e simples da plebe ou a conversão racionalizada das elites mediante o aprendizado elaborado da doutrina católica. De qualquer forma, tratava-se de aceitar as verdades reveladas, das quais a Igreja se dizia guardiã e promotora.

Ora, se a verdade suprema fora revelada na encarnação de Cristo, salvador e libertador de todos que nele creem, então a pesquisa e a busca por outras verdades perde sentido e significado. Mesmo existindo o interesse na busca por explicações diferentes, por novos conhecimentos que não tenham como fonte a Bíblia, a tradição ou a autoridade dos padres, essa busca não deve contrariar a doutrina da Igreja, devendo até mesmo se confirmar e se apoiar nas verdades reveladas por ela.

Essa, sem dúvida, foi a ótica adotada por diversos teólogos católicos que esquadrinhavam os autores clássicos da Antiguidade, buscando somente o que lhes servia. A metafísica de Platão e Aristóteles foi adaptada para servir como sustentação para a teologia católica, usada como ferramenta auxiliar para demonstrar a fé racionalmente.

Outro aspecto a ser considerado refere-se à ciência dos antigos, que tinha um caráter contemplativo, procurando o mundo em sua beleza e complexidade. Ela influenciou a noção de realidade como criação divina, conferindo à natureza uma dimensão de transcendência que só foi colocada em questão na modernidade, principalmente com o empirismo de Francis Bacon (Marcondes, 2007).

Em resumo, podemos dizer que, no mundo cristão medieval, a Bíblia era a fonte principal da verdade e que os dogmas e o credo representavam a sistematização dessa verdade. O papa e o magistério da Igreja tinham o monopólio do conhecimento acerca da vontade de Deus. Os homens, criaturas pecadoras por excelência, "os degredados filhos de Eva", viviam num "vale de lágrimas"*, aguardando para breve a segunda vinda de Cristo e o juízo final.

Podemos afirmar que a condição humana era de decadência, sofrimento e desesperança, restando somente a porta da fé como alternativa para a salvação. Tudo o que era humano, terreno, imanente e natural precisava ser negado ou ressignificado. A arte sacra desse período se esforçava para suprimir a silhueta da forma humana, negando ao homem até mesmo sua corporeidade.

---

* Trecho adaptado da oração Salve Rainha (Salve Rainha, 2016).

Síntese

Ao longo deste capítulo, vimos que o helenismo promoveu uma grande divulgação da cultura, da arte e a da filosofia gregas pelo mundo. Examinamos os elementos que explicam a transição do pensamento antigo para o medieval, tendo em vista que o fim do Império Romano trouxe uma reconfiguração social, política, cultural e econômica do que viria a se tornar a Europa Ocidental.

Em relação à formação do pensamento filosófico cristão, destacamos a forte influência do helenismo sobre o cristianismo. Precisamos lembrar que o Império de Alexandre solapou a independência da organização política e jurídica das cidades-Estado. Nesse sentido, a *pólis*, que outrora tinha representado o espaço da vida pública e política dos cidadãos, deixou de existir como tal. Assim, o ideal da filosofia clássica, de formar o bom cidadão, perdeu seu referencial. As filosofias que surgiram nesse contexto abandonaram a vida pública e voltaram-se à vida privada, ao interior das pessoas, buscando, assim, dar uma resposta ou oferecer um caminho para o sentido da vida num mundo que passava por grandes mudanças.

Uma dessas respostas foi o estoicismo, com sua doutrina simples e de resignação firme diante dos acontecimentos, que versava sobre necessidade de se ter uma vida reta, virtuosa, praticando a virtude como dever moral. A escola estoica defendia existência de um *logos*, um ordenador do Universo.

De certa forma, assim como o estoicismo, também o cristianismo adotou um discurso de salvação do homem diante de um mundo de pecado, violência e decadência. Ou seja, bastava ao homem medieval abraçar a fé católica, acreditar e viver conforme sua doutrina para ser salvo. A salvação oferecida começava na vida terrena com o corpo, mas sua plenitude era alcançada na eternidade com a alma. Nesse panorama, a promessa da ressurreição colocava a vida como percurso para a transcendência. Para os estoicos, ao contrário, bastava viver em conformidade com a vontade do *logos* eterno que governa o mundo.

O Deus cristão era percebido como um ser pessoal que se interessava pela vida e pela sociedade e interferia nelas. Era um Deus que encarnou e assumiu para si a humanidade por meio de Cristo, tendo este se tornado o caminho e a porta para o reino do céu, do qual a Igreja possuía as chaves.

Indicações culturais

Livros

LINK, L. **O diabo**: a máscara sem rosto. São Paulo: Companhia das Letras, 1978.

O livro traz informações sobre a problemática relação da Igreja com a cultura dissidente. Destaca os problemas e conflitos entre a religião e as práticas religiosas pagãs. Há especial destaque ao conjunto de crenças, celebrações e divindades que fizeram parte do paganismo e ao modo como a religião cristã conseguiu avançar do centro para o interior, forçando um processo de aculturação que não ocorreu de modo pacífico. Traz, ainda, o imaginário social do camponês que se via em meio aos apelos da nova religião e às tradições ancestrais do paganismo.

KRAMER, H.; SPRENGER, J. **O martelo das feiticeiras**. Rio de Janeiro: Record; Rosa dos Tempos, 1995.

Esse livro, cujo título original em latim é *Malleus Maleficarum*, foi escrito no final da Idade Média, em meados do século XV. Trata-se de um conjunto de atas e registros feitos por inquisidores que estiveram presentes em diversos julgamentos contra homens e mulheres acusados de bruxaria. O livro apresenta em detalhes o processo e as técnicas de tortura utilizadas pela Igreja para arrancar a confissão dos acusados. Os detalhes e a descrição pormenorizada evidenciam o lado cruel e obscuro da Inquisição.

Filmes

O NOME da rosa. Direção: Jean-Jacques Annaud. EUA: Warner Home Video, 1986. 130 min.

Baseado no romance homônimo de Umberto Eco, a história se passa no ano de 1327, num mosteiro beneditino não identificado. O protagonista do filme é o Frei William, da Ordem Franciscana. Em meio a uma disputa entre a delegação papal e uma comitiva de franciscanos que debate sobre a pobreza de Cristo e a missão da Igreja, misteriosos assassinatos ocorrem. O destaque é para a postura e o procedimento do Frei William, que age como um verdadeiro investigador, cético, racional e meticuloso, de certa forma prefigurando o espírito de pesquisa e investigação que se tornaria usual na modernidade. Em meio ao contexto medieval de repressão às novas ideias, é possível ter uma aproximação da visão de mundo e do homem daquele período.

EL CID. Direção: Anthony Mann. EUA: Classicline (DVD), 1961. 182 min.

Trata-se de um filme biográfico que conta a história do lendário cavaleiro cristão Rodrigo Diaz de Bivar (El Cid), que defendeu bravamente a fé católica em território espanhol contra o avanço dos muçulmanos. O herói se envolve em disputas por honra, amor e fé. É possível refletir sobre o avanço do Império Turco-Otomano e sua influência por toda a Europa durante o tempo em que a ocupou – uma influência que se fez sentir na língua, na cultura, na medicina e na filosofia ocidentais.

Atividades de autoavaliação

1. Em relação à conceituação do helenismo, assinale a alternativa correta:
   a) *Helenismo* é o nome dado à região onde nasceu Alexandre, o Grande, do povo dos helenos, habitantes da Hélide.
   b) *Helenismo* significou o sincretismo entre diferentes culturas envolvendo a visão de mundo grega e a dos povos orientais conquistados por Alexandre.
   c) O fenômeno do *helenismo* recebeu esse nome por se tratar de um conjunto de ensinamentos religiosos de caráter politeísta e antropomórfico.
   d) *Helenismo* é o nome dado à doutrina política e econômica dos povos conquistados por Alexandre, o Grande.

2. Em relação ao helenismo, considere as afirmações a seguir e assinale V para as afirmativas verdadeiras e F para as falsas:
   ( ) A cultura helênica deixou profundas marcas por onde passou, o que envolveu a ciência, a arte, a filosofia e até a arquitetura.
   ( ) Com o advento do Império Alexandrino, ocorreu uma administração conjunta entre o novo poder e as cidades-Estado, as *pólis*, que permaneceram com sua autonomia política e econômica.
   ( ) Alguns dos traços da administração do Império Macedônico eram a flexibilidade e a aculturação, permitindo que os conquistados continuassem seguindo sua cultura e seus costumes.
   ( ) Mesmo com a administração imperial e a nova organização social e política da Grécia, a filosofia floresceu, mantendo seu ideal de formar o bom cidadão, ético e político para a vida na *pólis*.

Agora, indique a alternativa que corresponde à sequência correta:
a) V, F, F, V.
b) F, V, V, F.
c) V, F, V, F.
d) V, V, F, V.

3. Assinale a alternativa que traz o nome das filosofias helenísticas mais conhecidas:
   a) Pirronismo, ecletismo e cetiscismo.
   b) Platonismo, escolástica, socratismo e sofistas.
   c) Estoicismo, epicurismo, cinismo e ceticismo.
   d) Pitagorismo, orfismo, misticismo e obscurantismo.

4. Sobre a influência do helenismo na formação da religião cristã, é correto afirmar:
   a) Entre as escolas filosóficas que mais influenciaram a doutrina cristã está o pitagorismo, com seu ensinamento de que Deus é o grande construtor do Universo.
   b) Dos cínicos o cristianismo assimilou a crítica social, fazendo com que a Igreja vivesse na prática a pobreza e a humildade.
   c) Conceitos estoicos, como *logos*, dever moral, austeridade e resignação, fundiram-se ao cristianismo.
   d) Dos epicuristas a Igreja tomou a crença na materialidade da vida, defendendo que tanto o corpo quanto a alma são importantes na salvação.

5. Como ficou conhecida na história a concepção segundo a qual Deus passa a ser o centro da vida e da cultura humana, as questões religiosas predominam sobre as demais e a Igreja é central nas relações de poder?

a) Antropocentrismo medieval.
b) Renascimento cristão.
c) Teocentrismo.
d) Reforma e Contrarreforma.

Atividades de aprendizagem

Questões para reflexão

1. Com base neste livro e em outras fontes, defina com suas palavras os seguintes pares de conceitos: transcendência e imanência; sagrado e profano.

2. Como você avalia o papel da Inquisição durante a Idade Média?

3. Pensando na relação entre fé e razão, que argumentos você utilizaria para defender os pontos de vista explicitados a seguir?
   a) A fé é superior à razão.
   b) Fé e razão se complementam.

4. Considerando as leituras realizadas até o momento, caracterize o mundo cristão medieval com base no texto da oração Salve Rainha:

Salve Rainha, Mãe de Misericórdia,
Vida, doçura e esperança nossa, salve!
A Vós bradamos, os degredados filhos de Eva.
A Vós suspiramos, gemendo e chorando
neste vale de lágrimas.

Eia, pois, advogada nossa,
Esses Vossos olhos misericordiosos
A nós volvei,
E, depois desse desterro,
Mostrai-nos Jesus, bendito fruto do Vosso Ventre.
Ó Clemente, Ó Piedosa, Ó Doce Virgem Maria.

Rogai por nós Santa Mãe de Deus,
Para que sejamos dignos das promessas de Cristo. Amém.

(Salve Rainha, 2016)

Atividade aplicada: prática

Assista ao filme *Cruzada*, do ano de 2005, e elabore uma resenha crítica explorando a relação entre religião, política e economia.

CRUZADA. Direção: Ridley Scott. Reino Unido/EUA/Alemanha: 20th Century Fox, 2005. 144 min.

O teocentrismo tem como conceitos a transcendência, o geocentrismo, o divino, o sagrado, a Bíblia, a fé, os dogmas, os anjos e os santos de Deus. Se o papa é o vigário de Cristo e a Igreja Católica a guia e a mestra que tem a responsabilidade de conduzir a humanidade à salvação, então toda a ciência é supérflua e ilusória?

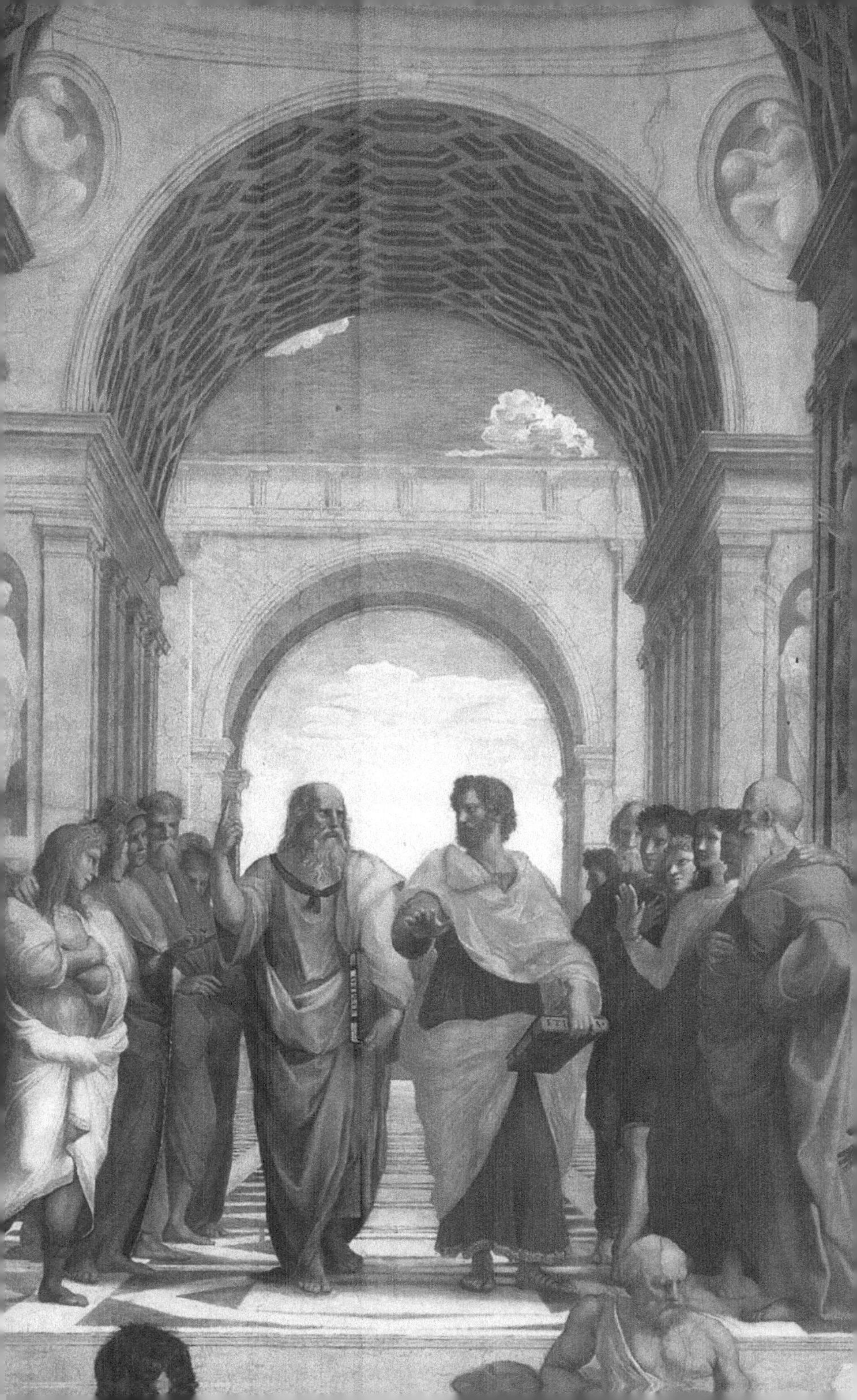

3

O início do pensamento
filosófico cristão:
a patrística

Neste capítulo, apresentaremos o movimento patrístico e alguns dos autores que deram início à organização da filosofia cristã. A patrística recebeu esse nome em função do protagonismo dos primeiros padres da Igreja em utilizar a filosofia grega para defender racionalmente as verdades de fé. O objetivo deste capítulo é situar esse movimento no contexto do pensamento cristão e abordar os assuntos que foram debatidos na relação entre a fé e a razão. Não podemos esquecer que o movimento patrístico contribuiu para a sistematização e a fundamentação da doutrina cristã e para a defesa da fé católica, diante das polêmicas envolvendo o paganismo e as heresias. Apesar de os patrísticos buscarem na filosofia grega, principalmente em Platão, muitos de seus conceitos e argumentos, a Bíblia é a grande fonte da verdade. Para autores como Santo Agostinho, isso tornou possível que a sabedoria dos gregos fosse reconhecida e aperfeiçoada mediante a iluminação das verdades reveladas no evangelho.

Figura 3.1 – Cristo entronado e cercado por anjos (detalhe)

CRISTO entronado e cercado por anjos (detalhe). Século VI. 1 mosaico: color.; Basílica de Santo Apolinário Novo, Ravena, Itália.

Destacamos a patrística por sua importância nos primeiros séculos do cristianismo, servindo como referência dentro da filosofia e da teologia católicas. Os primeiros padres da Igreja produziram uma teologia de afirmação e defesa das verdades reveladas. Esses primeiros teólogos lançaram as linhas mestras da doutrina católica e tiveram como seu maior expoente, por sua abrangência e profundidade, Santo Agostinho.

3.1
Em defesa da fé: os padres apologistas gregos

Como mencionamos anteriormente, o cristianismo surgiu como uma religião urbana que, ao se expandir para fora das cidades, em direção ao campo, deparou com práticas e cultos religiosos já organizados. Convencionou-se chamar de *paganismo* o conjunto dessas religiões, que em grande parte tinham em comum crenças politeístas (Eliade, 2008). O sentido etimológico da palavra *paganismo* remete a *pagão*, palavra de origem latina, *paganus*, "aquele que mora no pagus, no campo, no interior", em clara oposição a *urbanus*, termo que se refere aos moradores da cidade (Cunha, 2010). Esse encontro foi marcado por violentos processos de aculturação e assimilação por parte do cristianismo. Além disso, é importante lembrar que, antes de ser oficializada, a religião cristã era vista como uma seita e seus adeptos, por não aceitarem o politeísmo, eram perseguidos pelas autoridades romanas.

O sentido das apologias dos primeiros padres da Igreja também esteve associado à defesa da fé e dos cristãos tanto perante as autoridades romanas perseguidoras quanto perante os defensores do paganismo.

Nesse panorama, a patrística abarcou um variado número de pensadores, teólogos, padres e escritores. Em seu início, figuravam os chamados *padres apostólicos*, que receberam esse nome pela sua importância religiosa na elaboração da doutrina cristã e pela proximidade cronológica que tiveram com os discípulos diretos dos primeiros apóstolos. Outro grupo, chamado de *apologista*, realizou uma defesa racional do cristianismo contra a religião pagã.

A defesa feita pelos padres apologistas tinha uma dupla tarefa: defender o cristianismo dos ensinamentos e práticas do paganismo e contra a intolerância religiosa do Estado romano. Essa intolerância estava relacionada ao pouco controle que a nova seita – em expansão – permitia por parte dos centros de poder. A situação, aliás, perdurou por pelo menos três séculos antes de o cristianismo ser oficializado (Gilson, 2002).

Dados o aspecto didático e o alcance deste livro, escolhemos apresentar somente alguns autores desse período, de modo a ilustrar os debates e os argumentos mais representativos.

Entre os apologistas mais conhecidos figuram Marciano Aristides, que viveu na época do Imperador Antônio Pio, em meados do século II;

Taciano, o Assírio; Atenágoras de Atenas; e Teófilo de Antioquia. No entanto, o nome de destaque foi seguramente Justino Mártir.

3.1.1 Justino Mártir

Nascido na Palestina, na cidade de Flávia Neápollis, seus escritos o colocam como um dos mais fervorosos defensores da fé cristã na época. Em seus textos, dizia que sua busca espiritual o levou à filosofia de Platão, mas a verdade só lhe foi revelada em Cristo. Além da mensagem evangélica, sua conversão está associada ao belo testemunho de fé e coragem inabalável dos primeiros cristãos, cujos relatos o inspiraram. A obra de Justino, pela profundidade e abrangência com que tratou da tradição bíblica, foi fonte de referência tanto para a tradição da Igreja romana ocidental quanto para o catolicismo oriental.

Figura 3.2 – Justino Mártir

Considerado um dos precursores da patrística, Justino Mártir nasceu por volta do ano 100 e morreu em 165, em Roma. É reconhecido e celebrado tanto entre católicos romanos e ortodoxos quanto entre protestantes.

Cristo é *logos* divino encarnado, evidência de que, no homem, reside a centelha divina.

Para Justino, Platão e Cristo não são irreconciliáveis, o que o levou a afirmar que, como cristão,

glorio-me disso e, confesso, desejo fazer-me reconhecer como tal. A doutrina de Platão não é incompatível com a de Cristo, mas não se casa perfeitamente com ela, não mais do que a dos outros, dos estoicos, dos poetas e dos escritores. Cada um deles viu, do Verbo divino que estava disseminado pelo mundo, aquilo que estava em relação com a sua natureza, chegando desse modo a expressar uma verdade parcial. Mas, à medida que se contradizem nos pontos fundamentais, mostram que não estão de posse de uma ciência infalível e de um conhecimento irrefutável. Tudo aquilo que ensinaram com veracidade pertence a nós cristãos. Com efeito, depois de Deus nós adoramos e amamos o Logos nascido de Deus, eterno e inefável, porque Ele Se fez homem por nós, para curar-nos dos nossos males, tomando-os sobre Si. Os escritores puderam ver a verdade de modo obscuro, graças à semente do Logos que neles foi depositada. Mas uma coisa é possuir uma semente e uma semelhança proporcional às próprias faculdades e outra é o próprio Logos, cuja participação e imitação deriva da graça que dele provém. (Justino, citado por Reale; Antiseri, 2003, p. 40)

O posicionamento de Justino inaugurou a teologia que se produziu em torno do Evangelho de João e das cartas de Paulo sobre a encarnação de Cristo como *logos* divino que se tornou homem, revelando, em linguagem humana, a vontade do Pai. Outro aspecto da teologia justiniana diz respeito à doutrina da ressurreição como grande marca de diferenciação do cristianismo.

Seu conhecimento da obra de Platão acerca da alma o fez argumentar que toda criação de Deus, inclusive a alma humana, participa da vida, mas não contém a vida em si mesma. Isso Justino coloca como um atributo exclusivo de Deus, algo que nem Platão nem Pitágoras perceberam ao atribuir imortalidade à alma e às essências (Reale; Antiseri, 2003). Em 165, Justino morreu como mártir, igualando-se em coragem e bravura aos seus antecessores que tanto o inspiraram. Na defesa de sua fé, foi condenado pelo prefeito de Roma a ser decapitado.

3.1.2 *Taciano*

Seguidor de Justino, sua conversão acolheu a fé como uma dimensão da vida mística e espiritual. Sua fonte principal de estudo foi a Bíblia, que ele afirmava ser um livro "bárbaro", pois não fazia parte da tradição da cultura grega, mas israelita. Reafirmou os ensinamentos de Justino, atribuindo a Deus o único poder de ressuscitar o corpo e a alma. Taciano foi um cristão fervoroso e radical, chegando a pregar a necessidade de suprimir o casamento e observar a abstenção total do vinho. No curso de sua jornada espiritual, teria se aproximado da **gnose** como forma de compreender mais profundamente o sentido da revelação dos Evangelhos.

Nutriu um anti-helenismo que tinha contornos de aversão e agressividade. O apologista acusou a filosofia grega de ter plagiado a sabedoria contida na Bíblia e na tradição judaica, pois, segundo ele, a filosofia dos ensinamentos bíblicos era anterior ao conhecimento dos gregos.

> A cronologia de nascimento e morte de Taciano é imprecisa. Ele teria morrido em 185, na Síria. Anti-helenista, criticava a filosofia grega e acusava de plágio os ensinamentos dos filósofos gregos, que teriam tido como fonte a Bíblia e a tradição hebraica.

A religião cristã, para Taciano, que era filósofo de formação, representava um caminho de libertação para os homens, respondendo, de modo mais eficaz do que a própria filosofia grega, ao problema do mal e do sentido da vida.

Ele foi bem menos generoso que seu mestre Justino, que admitia que o *logos* – antes de sua revelação em Cristo – podia ser percebido mesmo que parcialmente em diversas culturas e saberes, até mesmo atribuindo um peso importante à cultura e à filosofia gregas. Taciano, diferentemente de seu mentor, afirmou que, desde os sofistas, Platão e Aristóteles, a filosofia grega teria se apropriado de vários ensinamentos contidos na tradição judaica, interpretando-os equivocadamente e cometendo vários erros no modo de conceber a origem e o lugar do homem no mundo. Apontou erros, ainda, em relação às diferenças entre o bem e o mal, além do sentido último da vida e da existência humana. Afirmava que sinais evidentes dos equívocos filosóficos dos pensadores gregos são as inúmeras contradições que eles mesmos criaram, gerando toda sorte de **aporias** e paradoxos que em nada contribuem para que os homens avancem em seus conhecimentos sobre o mundo, sobre si mesmos e sobre Deus.

Digno de nota é o modo como Taciano explicou a criação do mundo por Deus. Diferentemente do Demiurgo do *Timeu*, de Platão, que cria o mundo com uma matéria que já está dada, ou do Deus criador da tradição judaico-cristã, que faz tudo existir unicamente baseado na sua vontade, Taciano fala da criação da matéria como uma projeção de dentro do próprio Deus.

A **gnose** diz respeito ao conhecimento espiritual e intuitivo sobre Deus e seus atributos. Entre os cristãos primitivos, existiam os adeptos dessa corrente de pensamento que julgavam possuir um conhecimento profundo e iniciático sobre as realidades divinas (Durozoi; Roussel, 1999).

Aporia é um termo de origem grega que se refere a argumentos ou ideias que apresentam um impasse, raciocínios incertos e autocontraditórios, conclusões lógicas que se chocam; beco sem saída; linha de argumentação inconclusiva; sentido paradoxal de uma afirmação (Cunha, 2010).

Cabe notar que, entre os apologistas, é forte o raciocínio filosófico, operando um nível conceitual de abstração bastante profundo, a propósito do que registra Taciano:

> Emitindo minha palavra, proponho-me organizar a matéria confusa que existe em vós e, como o Verbo, que foi gerado no princípio, gerou por sua vez como sua obra, organizando a matéria, a criação que vemos, assim também eu, à imitação do Verbo, havendo regenerado e adquirido a inteligência da verdade, trabalho para pôr ordem na confusão da matéria cuja origem partilho. Porque a matéria não é sem princípio, como Deus, e não é, não sendo sem princípio, o mesmo poder que Deus; mas ela foi criada, ela é obra de outro e só pôde ser produzida pelo criador do universo. (Taciano, citado por Gilson, 2002, p. 13)

A partir desse raciocínio, Taciano constrói uma representação hierárquica da criação, desde a matéria – base da criação em suas variações – até os anjos e o homem – este podendo ser ressuscitado por Deus e por todas as demais criaturas.

3.2
Santo Agostinho

Considerado um dos maiores teólogos do cristianismo, Aurélio Agostinho nasceu no ano de 354, num período em que o cristianismo se expandia como religião hegemônica do Império Romano. Sua cidade natal, Tagasta, ficava localizada ao norte da África, na região da Namíbia. Era filho de Mônica, que viria a se tornar santa da Igreja pelo seu testemunho fervoroso da fé cristã e por ter rezado durante décadas pela conversão do filho. Seu pai, Patrício, de origem pagã, só teria se convertido por insistência da esposa quando estava no fim de sua vida, em seu leito de morte.

> O **maniqueísmo** ficou conhecido como uma doutrina filosófica que afirmava existirem dois princípios ordenadores de toda realidade, o bem e o mal. Para os maniqueus, a vida humana seria o palco da eterna luta entre esses dois princípios. Para eles, a matéria e o corpo, por serem corruptíveis, correspondem ao mal, enquanto a alma, sendo terna, é boa. A origem teria ocorrido na Pérsia por volta do século III. Usualmente, o termo *maniqueísta* tornou-se uma adjetivação para explicações dualistas que colocam em oposição justamente o bem e o mal.

Em sua juventude, Agostinho experimentou uma vida de prazeres e excessos. Costumava dirigir a Deus a seguinte prece: "Senhor, fazei-me casto, mas ainda não". É possível que estivesse entrando em crise espiritual, cujo desfecho o levaria a uma conversão fervorosa ao catolicismo. Por trás de sua conversão, há uma forte influência de sua mãe e de seu amigo de longa data, Santo Ambrósio, com quem manteve um profundo diálogo fraterno e espiritual (Gilson, 2002).

A conversão de Agostinho foi acompanhada pelo ímpeto de retorno ao espírito evangélico. Após um retiro de meses, ele vendeu seus bens, deu o dinheiro aos pobres e fundou um mosteiro, dedicando-se a uma vida de ascese e oração. Em 391, foi ordenado sacerdote, tornando-se bispo de Hipona poucos anos depois. Agostinho morreu em 430, aos seus 65 anos de idade.

De toda maneira, interessa para nós que, em sua trajetória, Agostinho aprofundou seus estudos em Cartago e, nesse período, aderiu ao **maniqueísmo**, seita religiosa que acreditava que o universo é governado por dois princípios antagônicos, o bem e o mal.

Durante seu curto tempo como professor, por volta dos 30 anos de idade, Agostinho, já amadurecido intelectualmente, abandonou a crença dos maniqueus. Em uma nova fase intelectual e espiritual, ele abraçou a filosofia de Platão e dela foi tributário até o fim de sua vida, deixando uma marca que esteve presente nos seus escritos mais conhecidos. Entre suas obras de maior teor filosófico figuram *Contra os acadêmicos*, *Da vida beata*, *Sobre o mestre*, *Sobre a música* e ainda *Sobre os costumes* e *Do livre-arbítrio*. Nesta última, argumentou contra o maniqueísmo, buscando refutar suas teses. Ainda sobre filosofia, escreveu *Sobre as duas almas* e *Da natureza do bem* (Reale; Antiseri, 2003).

Os diálogos que Agostinho conseguiu estabelecer entre a filosofia de Platão e a doutrina cristã estão reunidos principalmente nas obras *Da verdadeira religião*, *Confissões*, *A Cidade de Deus* e *Sobre a Trindade e a mentira*. Analisaremos a seguir alguns dos pensamentos de Agostinho.

Figura 3.3 – Santo Agostinho

Santo Agostinho (354-430), bispo de Hipona, doutor da Igreja, teve sua doutrina da predestinação, segundo a qual Deus escolhe seus eleitos, sendo rejeitada pela Igreja. No entanto, sua doutrina sobre o mal e o livre-arbítrio humano se tornou a base da teologia dogmática católica.

3.2.1 A teoria do conhecimento

Assim como Platão, que buscou na filosofia a solução para o problema da vida, a filosofia de Agostinho possui um forte acento teleológico, de cunho teísta e espiritual, algo que falta no platonismo. Para Agostinho, o cristianismo, como religião e filosofia de vida, consegue dar uma resposta integral ao problema da vida, pois o conhecimento de Deus, da alma e do mundo espiritual oferece um caminho seguro para o homem. Para ele, a salvação que vem pela palavra de Cristo e pela prática de seus ensinamentos supera a iluminação da alma em Platão. Desse modo, a humanidade ganha *status* de transcendência definitiva no modo como Agostinho interpreta o sentido do pecado e da ressurreição da carne inaugurada por Cristo (Agostinho, 2000).

No entanto, podemos afirmar que, como bispo de Hipona, Agostinho rompeu com a postura cética de perpétua suspeição diante do mundo, numa clara concordância com Platão sobre a possibilidade e o progresso do conhecimento das realidades mais profundas: o uno, o belo, o bem, as ideias e as almas. Contudo, ele o faz agora num sentido cristianizado, identificando nessas realidades, de alguma forma, a figura da Santíssima Trindade e das virtudes cristãs. Deus é o uno eterno que congrega em si e a partir de si todas as coisas, todas as formas e essências, a unidade, a beleza e a bondade. O homem, como possui em si a centelha divina, pode, com o auxílio da graça de Deus, conhecer esses mistérios.

O pensamento agostiniano sobre as faculdades e o conhecimento humano está profundamente relacionado ao seu conceito de **graça**, traduzido alegoricamente pela relação entre a luz natural e a luz divina. Assim como a luz natural é necessária para aguçar o sentido da visão (quando ilumina o olho humano), a luz que vem da graça divina ilumina o entendimento dos homens. Dessa maneira, eles podem compreender a vontade de Deus, inscrita sutilmente na sua obra, especialmente na mente e no coração daqueles que se abrem aos seus mistérios. É uma linha de raciocínio que conserva muito do dualismo platônico.

Apesar de moderado, Agostinho reforçou o argumento de que a inteligência humana é concebida como uma faculdade da alma, centelha do criador a impulsionar o homem ao conhecimento das coisas divinas (Agostinho, 1995). O inatismo platônico, segundo o qual o conhecimento que a alma adquire em sua existência material é na verdade um processo de relembrar o conhecimento que habita nela desde a eternidade, é reelaborado por Agostinho numa concepção teísta-cristã. Ou seja, todo conhecimento acerca de Deus e das coisas divinas só pode ser alcançado pela iluminação do intelecto humano, obtida com o auxílio de Deus.

A doutrina da **graça** beneficia o homem tanto no aspecto intelectual, quando Deus lhe permite conhecer a sua vontade, quanto no aspecto espiritual, quando Deus resgata o homem do pecado. A graça suprema foi dada aos homens por meio de Jesus Cristo, oferecido em sacrifício por toda a humanidade. Somente pela graça e pela aceitação de Cristo pode o homem superar sua condição debilitada pelo pecado e chegar à salvação.

3.2.2 A metafísica

O conhecimento das realidades inacessíveis à experiência empírica e dos objetos intangíveis próprios da metafísica está ancorado na concepção gnosiológica de Agostinho. Entre esses objetos, a natureza de Deus é definida não só por seus atributos mais fundamentais, de onisciência, onipotência e onipresença, mas por sua personificação, ou seja, Ele é entendido como uma pessoa divina, dotada de consciência e vontade, bem diferente do uno platônico eternamente impassível.

O Deus cristão sobre o qual a metafísica agostiniana se debruça representa em si a unidade, a beleza e a bondade. Sua natureza se expressa como a de um ser racional, eterno, imutável, de composição simples, de espírito puro e, ainda assim, um ser pessoal, de amor, que escolhe relacionar-se com sua criação. Trata-se de um Deus que é Pai, que se importa com seus filhos e os ouve. Tal convicção é expressa poeticamente por Agostinho:

> *Tarde Vos amei, ó Beleza tão antiga e tão nova, tarde Vos amei! Eis que habitáveis dentro de mim, e eu lá fora a procurar-Vos! Disforme, lançava-me sobre estas formosuras que criastes. Estáveis comigo, e eu não estava convosco! Retinha-me longe de Vós aquilo que não existiria se não existisse em Vós. Porém chamastes-me, com uma voz tão forte que rompestes a minha surdez! Brilhastes, cintilastes e logo afugentastes a minha cegueira! Exalastes perfume: respirei-o, suspirando por Vós. Saboreei-Vos, e agora tenho fome e sede de Vós. Tocastes-me e ardi no desejo da vossa paz.* (Agostinho, 2000, p. 285)

Agostinho elabora ainda uma cosmologia cristã partindo da perspectiva dualista de viés platônico, na qual a realidade material do mundo é pensada como condição só possível em sua dimensão temporal. O próprio tempo não existia antes da criação e, como tudo o que existe no céu e na terra, também foi criado por Deus. Nesse ponto, podemos enxergar uma aproximação de Agostinho com Santo Tomás de Aquino, em relação a pensar Deus como a causa primeira, fonte originária de todas as coisas.

3.2.3 Sobre a alma e o bem moral

A alma pode ser entendida como substância simples criada por Deus, do qual possui um conhecimento intuitivo, uma inclinação para o absoluto. Isso é traduzido por Agostinho na seguinte máxima: "fizeste-nos para Vós, Senhor, e nosso coração permanecerá inquieto enquanto em Vós não repousar" (Agostinho, 2000, p. 145).

A psicologia agostiniana sobre a alma assume a forma de um tratado de introspecção no seu livro *Confissões*. Ao longo se suas páginas, o bispo de Hipona mergulha fundo em sua trajetória espiritual, interrogando-se acerca da condição humana, da relação entre corpo e alma e da busca por Deus.

Retomando o dualismo platônico, Agostinho coloca em oposição corpo e alma. Nesse sentido, o corpo, como parte da matéria, obra da criação divina, é bom por natureza. No entanto, a condição de união acidental entre corpo e alma predispõe esta a buscar as coisas superiores, enquanto aquele tem suas próprias demandas, desejos, necessidades, apetites, que o lançam em direção ao mundo físico e material. Trata-se de uma tendência que Agostinho localiza na queda do casal bíblico original. Se em Platão essa condição de antagonismo e seu correspondente sofrimento são superados pela meditação filosófica, no equilíbrio entre intelecto, vontade e instintos, em Agostinho a superação dessa condição só pode vir pela vida espiritual ascética e pela salvação que Deus concede aos seus eleitos.

Seguindo essa linha de raciocínio, o sentido da ação moral é a conduta prática que direciona o cristão a vivenciar sua fé e dar testemunho mediante seu comportamento e suas atitudes perante as demandas da sociedade. A alma deve dominar o corpo e submetê-lo a uma vida de rigor, ascese e purificação. A vontade do cristão e sua fortaleza de ânimo são o que o diferenciam daqueles que estão distantes de Deus e de sua palavra revelada em Cristo. Ou seja, a ética agostiniana é de caráter teônomo e repousa em Deus como fonte de todo o bem.

Nesse sentido, o homem que pratica o bem vivencia o amor de Deus tanto no sentido individual, pois se aproxima de sua salvação, quanto no sentido social e comunitário, dando testemunho de sua fé. Entretanto, como ser dotado de vontade e de liberdade, o homem também pode se desviar do amor de Deus, o que enseja o mal no mundo. O mal, portanto, é fruto do uso equivocado do livre-arbítrio e tem sua origem na ação humana, e não em Deus. Agostinho admite o mal, mas não como uma entidade ou princípio metafísico com existência própria, e sim como uma ausência do bem, oriundo das más ações dos homens (Agostinho, 1995). Dessa forma, para Agostinho, Deus, em sua condição divina, não pode ser atingido pelas ações humanas. É ignorância e pretensão da criatura achar que pode ofender o criador. Todo pecado é, na verdade, um ataque contra o próprio indivíduo. O efeito negativo se dirige àquele que peca, pois degrada sua própria natureza e filiação divina. O pecador coloca-se num caminho obscuro que o afasta da verdadeira sabedoria e da felicidade que só podem vir de Deus. Desde Adão, a vontade humana está viciada, por assim dizer, de modo que, sem o concurso da graça, é impossível ao homem elevar-se e obter a salvação. Nesse sentido, Agostinho, com sua teoria da graça, rompe definitivamente com a ética pagã, para a qual o homem, por força de sua vontade e intelecto, pode se salvar (Gilson, 2002).

Por fim, o mal moral que se abatera sobre os herdeiros de Adão projeta-se em toda a sociedade. O pecado original se traduz numa natureza humana corrupta e propensa ao mal, que se evidencia nas leis dos homens que usurpam os dons da criação. Assim, Agostinho tende a um jusnaturalismo de viés bíblico e religioso. Sabemos, contudo, que classificar seus ensinamentos dessa forma pode soar contraditório, pois, seguindo a esteira do apóstolo Paulo, a doutrina social de Agostinho prega a conformação com a ordem em seu tempo, vendo na obediência e na caridade alternativas para superar a corrupção e o pecado na vida social.

3.2.4 A questão do mal

Quando nos aprofundamos no estudo sobre a discussão de Agostinho em torno do mal, levanta-se uma questão de fundo: se Deus é o sumo bem e tudo o que ele cria é bom, como pode existir o mal? A resposta foi dada por Agostinho, inicialmente, na obra *Confissões*. Após ter investigado o que seria o mal, o autor não encontrou substância nele e o desconsidera como uma consequência da vontade humana quando desviada. Desse modo, para Agostinho (1995, p. 44),

Quem duvidará que isso a que chamamos de mal não é outra coisa que a corrupção? Certamente os distintos males podem designar-se com distintos termos, mas o mal de todas as coisas que se podem privar de algo é a corrupção [...]. Contudo, é fácil ver que a corrupção não é nada, senão enquanto destrói o estado natural das coisas, e que, portanto, ela não é natureza, senão algo contra a natureza. Logo, não se encontra nas coisas outro mal que a corrupção e a corrupção, não é uma natureza, ou nenhuma natureza é verdadeiramente o mal.

De onde vem a corrupção que leva ao mal? Da condição humana decadente e herdeira do pecado original. O batismo, segundo a doutrina agostiniana, embora possa restabelecer a relação com Deus, não é, por si só, garantia de que a pessoa não venha a pecar ao longo de sua vida. É por meio da Igreja e do seu magistério, mas, sobretudo, pelos seus sacramentos e pela vida religiosa que ela proporciona, que o homem pode contar com uma assistência constante para livrá-lo do pecado, do mal, e ajudá-lo a se manter no caminho do bem e da justiça (Agostinho, 1995).

Num paralelo com a dialética platônica, Agostinho segue argumentando que o mal, por não ter uma substância, é o "não ser"; o mal é, por assim dizer, uma situação de total negatividade, a ausência de afirmação do ser, de sua participação no bem que vem de Deus. "Nenhuma natureza, absolutamente falando, é um mal. Esse nome não se dá senão à privação de bem. Mas, dos bens terrenos aos celestiais e dos visíveis aos invisíveis, existem alguns bens superiores a outros" (Agostinho, 1995, p. 71).

O mal se precipitou como uma negação do ser aberto ao amor de Deus. Assim, o mal se apresenta como uma situação em que a vontade do homem se corrompe.

Logo, é a vontade desregrada a causa de todos os males. Se essa vontade estivesse em harmonia com a natureza, certamente esta a salvaguardaria e não lhe seria nociva. Por conseguinte, não seria desregrada. De onde se segue que a raiz de todos os males não está na natureza. E isso basta, por enquanto, para refutarmos todos aqueles que pretendem responsabilizar a natureza dos seres pelos pecados. (Agostinho, 1995, p. 32)

A argumentação de Agostinho tem uma clara conotação ética, evidenciando, com isso, o instituto da responsabilidade humana diante de suas más ações. É o homem e sua vontade, quando materializada num fluxo de ação, o principal agente responsável pelas coisas ruins que acontecem na sociedade. Mesmo diante de uma catástrofe natural, o homem permanece com a liberdade de agir bem, na abertura solidária ao próximo, ou agir mal, na conduta egoísta de quem busca somente o próprio interesse e segurança.

Figura 3.4 – O pecado original e a expulsão do jardim do Éden, de Michelangelo

MICHELANGELO, B. **O pecado original e a expulsão do jardim do Éden**. [ca. 1509-1510]. Afresco: color.; 280 × 570 cm. Capela Sistina, Vaticano.

Ao partirmos do relato bíblico sobre a criação do mundo e do homem, fica clara a indicação de que no início havia unidade entre Deus e o homem, uma unidade que foi rompida por um ato de afirmação do arbítrio humano (ver Figura 3.4). Uma vez perdida essa unidade, ela só pode ser restaurada por Deus. A encarnação de Cristo, sua morte e ressurreição representam, na doutrina de Agostinho, a oferta de Deus à humanidade – um caminho oferecido para todos aqueles que escolherem retornar à unidade com ele.

A presença do mal no mundo se efetiva materialmente. Não só o homem pode condenar-se a uma condição de perpétua separação de Deus com o uso desvirtuado de seu livre-arbítrio, como pode afetar toda a criação com sua vontade pervertida. Dito de outro modo, o homem, sendo dotado de liberdade, pode agir contrariamente à ordem natural presente na criação. Ao desrespeitar as leis naturais que regem o mundo, e seus ciclos, o ser humano coloca em risco a sustentação da vida como um todo. Do exposto podemos depreender uma dimensão ecológica no pensamento agostiniano, o que nos faz concluir que uma vontade corrupta tem potencial destrutivo nos âmbitos pessoal, social e ecológico.

3.2.5 O *livre-arbítrio*

A investigação sobre a origem do mal colocou diante de Santo Agostinho duas responsabilidades. A primeira é a de apaziguar seu espírito, pois sua busca por aclarar essa questão constitui uma fonte de inquietude existencial para ele, a qual ele quer resolver. A outra responsabilidade diz respeito ao seu papel como teólogo, bispo e líder da Igreja. Estando cônscio dessa responsabilidade, sua busca também precisa ter o caráter positivo e afirmativo de edificar a fé para os cristãos, e não o contrário, gerando dúvida e constrangimento na cristandade.

Assim, ele volta seu olhar ao homem – a criatura preferida de Deus – e mergulha em sua natureza mais profunda, buscando as faculdades que o constituem como humano. Santo Agostinho encontra, então, a inteligência e a razão e percebe que nelas poderia estar uma parte da resposta sobre a presença do mal no mundo.

Na continuidade de seu diálogo, na obra *O livre-arbítrio*, Santo Agostinho (1995) retoma a fórmula socrática: não basta apenas viver, é necessário refletir sobre a vida. A autoconsciência se torna, assim, o fundamento da vida racional do homem e lhe abre um caminho talvez não acessível aos demais seres não racionais, o poder de escolher. A escolha, como manifestação de uma vontade consciente, é o elemento mais fundamental e definidor do que significa ser humano.

Para Santo Agostinho, a liberdade possibilitou a queda do homem, mas a graça de Deus pode salvá-lo.

A reflexão de Santo Agostinho só pode ser compreendida em um sentido teleológico do homem em relação a Deus. Sendo o criador o sumo bem, o autor da vida e a fonte de todo amor e beleza, o homem deveria orientar sua razão para alcançar a verdade e entrar em comunhão com Deus. No entanto, dotado de seu livre-arbítrio, o homem pode não escolher a Deus. Conforme argumenta Santo Agostinho, é preciso reconhecer que a alma fica impressionada

> *pela vista de objetos, sejam superiores, sejam inferiores, de tal modo que a vontade racional pode escolher entre os dois lados o que prefere. E será conforme o mérito dessa escolha que se seguirá para ela o infortúnio ou a felicidade. Assim, no paraíso terrestre, havia como objeto percebido: vindo do lado superior, o preceito divino, e vindo do lado inferior, a sugestão da serpente. Pois nem o que o Senhor ia prescrever, nem o que a serpente ia sugerir foi deixado ao poder do homem. Contudo, ele estava certamente livre de resistir à vista das seduções inferiores, pois o homem tendo sido criado na sanidade da sabedoria achava-se isento de todos os liames que dificultavam a sua escolha.* (Agostinho, 1995, p. 237-238)

O modo como Santo Agostinho coloca a questão do livre-arbítrio indica que o verdadeiro mérito do homem está em escolher a Deus num ato de vontade e liberdade, mesmo conhecendo as diversas opções e caminhos e sendo tentado por eles. Fazer essa escolha significa agir segundo a ordem natural das coisas, utilizar os bens da Terra segundo o bem maior, não de forma egoística, pois isso ensejaria uma situação de abuso e pecado. É nessa condição de poder escolher, de renunciar ao uso abusivo das coisas do mundo, de fortalecer seu espírito para uma vida virtuosa que reside o mérito da salvação.

Por fim, reflete Santo Agostinho que o livre-arbítrio coloca o homem numa condição de ambivalência. Considerando-se a história da humanidade, e mesmo a trajetória individual de cada um, a liberdade tanto pode ser usada para as boas ações quanto para as más. Com efeito, a condição humana, em virtude do pecado original, está mais propensa ao desvio. Por isso, Santo Agostinho vê no cristianismo a religião perfeita, aquela que conseguiu fazer a síntese entre a fé e a razão, indicando, contudo, que aquela é superior a esta, pois permite a todos os homens, dos mais doutos aos mais simples, chegar a Deus.

Nos ensinamentos de Agostinho, existe a certeza de que, por ter sido fundada pelo próprio Cristo, a Igreja, em sua missão de conduzir a humanidade à salvação, foi capaz de formular uma doutrina segura para guiar as almas em sua peregrinação pelo mundo, no intuito de conduzi-las pelo reto caminho até Deus.

3.3
Anicius Boethius (Boécio)

Da rica tradição filosófica latina apresentamos um importante pensador romano, um autor que se alinha ao platonismo cristão e demonstra algumas similaridades com a filosofia e a teologia agostiniana. Anicius Boethius, ou Boécio, viveu entre 480 e 525 e foi criado numa família aristocrata. Cidadão romano, converteu-se ao cristianismo numa época em que o Império Romano estava em decadência. Sua biografia aponta que se tratava de um homem de espírito refinado e com excelente educação. Versado em história e literatura, conhecia profundamente a filosofia grega. Boa parte de sua vida intelectual foi dedicada à tradução e à produção de comentários em relação a diversos textos da filosofia de Aristóteles e de Platão.

Sua conduta equilibrada e sua fama de intelectual profundo o levaram a se tornar conselheiro do Rei Teodorico, de origem ostrogoda. Na corte do rei, destacou-se por sua habilidade diplomática.

Apesar do reconhecimento e do prestígio alcançados na corte, Boécio acabou sendo denunciado como traidor por ter simpatizado com o líder do Império Bizantino, que fazia oposição a Teodorico, o qual defendia o arianismo. Na prisão, enquanto aguardava sua execução, Boécio mergulhou seu espírito e seu intelecto num profundo diálogo com a filosofia, a quem personificou como sua senhora, médica e enfermeira, que lhe viria em socorro, trazendo consolo e paz.

"As nuvens da minha dor dissolveram-se e bebi na luz. Com os meus pensamentos recobrados, virei-me para examinar a face da minha médica. Girei os olhos e os fixei nela, e vi que era a minha enfermeira, na casa de quem eu fora cuidado desde a minha juventude – a Filosofia" (Boécio, citado por Marinoff, 2011, p. 3).

Embora com fortes consequências religiosas e teológicas, a filosofia de Boécio desenvolveu uma proposta existencial e epistemológica, buscando investigar a capacidade do conhecimento humano e argumentando que a percepção e a compreensão humana dependem da capacidade de cada um.

O problema enfrentado por Boécio é mostrar como é possível o livre-arbítrio diante da vontade de Deus, que tudo conhece, penetra e antecipa. Anteriormente, esse problema foi discutido por Aristóteles sem, contudo, oferecer uma resposta satisfatória. Na concepção aristotélica de

Deus, na sua conceituação como motor imóvel, como ato puro, a questão da escolha humana é colocada em termos lógicos. Assim, escolher A ou B está, para Aristóteles, no horizonte das possibilidades de ação dos indivíduos.

Mas a formulação desse problema por Boécio recebeu um tratamento diferente e mais complexo. Ele acreditava que Deus conhece a realidade intimamente, para além do tempo e do espaço. Presente, passado e futuro são apreendidos de modo imediato pela inteligência divina.

Surgiu, então, a questão: como seria possível ao homem ser livre? A solução proposta por Boécio foi inovadora e baseou-se nos diferentes níveis de conhecimento possíveis e nas suas diferenças e gradações, conforme a capacidade humana. O homem, como ser finito, está inscrito na temporalidade, sua ação e seu pensamento só são possíveis mediante o tempo como medida e unidade fundamental. Sem o tempo, a existência humana, em seu curso temporal, não seria possível. A vida humana é um evento temporal. De certa forma, Boécio parece ter antecipado, pelo menos em parte, a discussão de Kant em relação ao tempo como categoria *a priori* e condição para o pensamento e a compreensão humanos.

A escolha humana é, portanto, uma ação que se efetiva no fluxo espaço-tempo. Quando alguém escolhe A e não B, age por meio desse

Figura 3.5 – *Boécio*

Boécio (480-525) afirmava que Deus é para além do tempo e do espaço. A percepção divina é um eterno presente, abarcando a realidade material humana em seu fluxo de possibilidades. Deus antevê os pensamentos humanos, mas não interfere neles, tornando a escolha uma ação soberana do homem. Boécio não via contradição na relação entre a suprema liberdade de Deus e o livre-arbítrio do homem.

fluxo, que caracteriza a finitude da existência humana. Tal condição não possibilita compreender uma escolha não efetivada, não realizada. Uma vez tendo escolhido A, a opção B, por não ter se efetivado, se materializado, se tornado memória, não poderá ser compreendida da mesma forma que a escolha A. O futuro alternativo surge somente como possibilidade incerta. A liberdade humana é sempre um evento temporal de múltiplas possibilidades, levando-se em conta a posição circunstancial do sujeito que age e escolhe.

Em condição bem diferente estaria Deus. Por ser atemporal, a compreensão divina abarca o futuro e todas as possibilidades de escolha de um indivíduo. Boécio tenta ilustrar a diferença entre o modo como Deus e o homem percebem a realidade comparando uma pessoa e um animal. Um gato que esteja sentindo o Sol sobre o seu corpo terá uma percepção limitada à sua condição física e instintiva em face do calor e da luz do Sol. Sua percepção será limitada, então, pela sua própria condição e pela natureza. Uma pessoa terá uma experiência bem diferente, não somente sensorial, mas intelectiva sobre tudo o que pode acumular de informação e conhecimento sobre o Sol. A experiência de sentir o Sol poderá evocar sensações aprazíveis, memórias; poderá ainda ter um sentido poético e mesmo erótico. Todas as dimensões de possibilidades da percepção humana só são possíveis em função da complexidade do homem. Assim seria, comparativamente, com Deus em relação às escolhas humanas.

Dito de outro modo, Deus, como espírito absoluto, eterno, vive no eterno presente, seu conhecimento para além do tempo lhe permite sempre ver tudo como no presente, pois, no plano divino, não existe tempo, somente a eternidade. Em relação a conciliar a onisciência de Deus e a liberdade humana, Boécio explica que Deus antevê nossos pensamentos como possibilidades. Nossa autonomia está em poder escolher, e a de Deus, em permitir nossas escolhas.

Entre o livre-arbítrio, que proclama a liberdade humana como um fato, uma realidade, e o determinismo, que nega essa liberdade – uma vez que o destino do homem estaria determinado pela liberdade de Deus –, Boécio conciliou as duas doutrinas com o argumento de que Deus, que tem ciência do eterno presente, conhece todas as possibilidades e consequências da ação humana, sabe que nem todas devem acontecer e, por isso, não interfere nas escolhas do homem.

Entre as obras mais famosas de Boécio estão *Comentários às categorias de Aristóteles*, escrita em 510, *Comentários sobre a interpretação de Aristóteles*, escrita em 523, e a mais conhecida, *A consolação da filosofia*, escrita em 523.

Encerramos este capítulo podendo afirmar que a característica predominante no pensamento patrístico, principalmente em sua vertente agostiniana, é o misticismo. Isso significa dizer que existe uma aceitação dos mistérios que envolvem a criação do mundo e do homem.

A função da filosofia é auxiliar a fé, dar-lhe maior consistência, uma fundamentação racional. Primeiramente, deve-se aceitar a fé, crer na doutrina, aderir ao magistério da Igreja. Parece ser um pressuposto fundamental no pensamento patrístico que a aceitação do mistério que envolve a relação de Deus com sua criação é o que possibilita que a graça divina venha em socorro do homem. Tendo ciência de que a inteligência humana jamais poderá abarcar o sentido mais profundo da criação, o espírito se qualifica a perceber as sutilezas da comunicação e dos sinais divinos, chegando à conclusão de que orientar a vida neste mundo é, de alguma forma, viver o cotidiano da fé como um ato de confiança no amor de Deus.

Síntese

Vimos, ao longo deste capítulo, uma das principais escolas do pensamento filosófico cristão, a patrística. Observamos que ela foi uma produção filosófico-teológica dos primeiros padres da Igreja e que tinha como principal objetivo defender a fé cristã do paganismo e das heresias. Entre os diversos autores que fizeram parte desse período, apresentamos os seguintes: Justino Mártir e Taciano, da primeira fase, e Santo Agostinho, que marcou o ponto alto da patrística.

Abordamos o pensamento de Justino, que buscou conciliar a mensagem do evangelho e as ideias de Platão, identificando o *logos* como Deus e a alma como a essência que participa da vida, mas que não tem a vida em si mesma, pois depende de Deus. Para Taciano, a fé em Deus assumiu proporções radicais. Ele atacou a filosofia grega, argumentando que as ideias de Platão e Aristóteles já estavam presentes na Bíblia e que foram mal elaboradas e interpretadas por eles. Taciano argumentou, ainda, que as contradições, aporias e paradoxos presentes nas diferentes doutrinas dos filósofos seriam provas das confusões e dos erros cometidos por eles.

Com Santo Agostinho, ressurgiu com força o platonismo. Sua filosofia e sua teologia representam um esforço de adaptar as ideias de Platão à doutrina católica. Um dos principais conceitos dessa empreitada foi o livre-arbítrio, uma tentativa de conciliar a liberdade e as responsabilidades humanas diante da crença de que Deus existe e participa do mundo.

A discussão sobre o livre-arbítrio remete à explicação da presença do mal no mundo. Tanto o mal físico quanto o mal moral são explicados como consequências das ações humanas, quando desviadas da vontade de Deus. Embora o mal não possua existência e substância própria, ele se manifesta como a ausência do bem, algo visível na natureza humana enfraquecida pelo pecado e pelos seus efeitos trágicos na existência individual e na vida em sociedade.

Em um paralelo com Platão, que aponta a vida contemplativa e a meditação filosófica como formas de a alma atingir a felicidade, Santo Agostinho explica que somente pela graça divina e pela vida espiritual é possível ao homem libertar-se do sofrimento e alcançar a salvação.

Outro autor que representou uma importante contribuição intelectual nesse período foi Boécio. Embora com fortes inclinações religiosas, o pensamento desse autor se deteve mais nos aspectos existenciais e epistemológicos que envolvem o pensamento e o entendimento humanos. O problema do equacionamento entre a liberdade humana e a existência de Deus teve um tratamento original em sua filosofia. Para ele, Deus conhece a realidade para além do espaço e do tempo e possui um conhecimento sempre presente de todas as possibilidades da escolha humana. O livre-arbítrio humano está, por sua vez, preso na temporalidade.

Indicações culturais

Livros

> GILSON, E. **A filosofia na Idade Média**. Tradução de Eduardo Brandão. São Paulo: M. Fontes, 2002.
> Como estudioso da história da filosofia de longa data, nesta obra, Gilson traz sua análise sobre a razão filosófica no período medieval. O modo como o autor apresenta os textos e desenvolve sua argumentação mostra que o período medieval foi de grande produção e profundidade intelectual. Sua descrição é rica e detalhada, trazendo informações sobre a vida e a obra dos filósofos, pouco exploradas em outras obras.

HUIZINGA, J. **O declínio da Idade Média**: um estudo sobre as formas de vida, pensamento e arte em França e nos Países Baixos nos séculos XIV e XV. Lisboa: Ulisseia, [S.d.].

O autor dessa obra ficou reconhecido mundialmente como um grande historiador da Idade Média. O livro traz inovações temáticas e metodológicas e foi o precursor da abordagem que trata do cotidiano da vida das pessoas, que depois ficou consagrado por historiadores da vida privada. Em seus estudos, o autor argumenta que ideias do Renascimento, como a valorização do intelecto e do pensamento intelectual, já estavam presentes no período medieval, havendo uma transição gradual deste período para aquele.

Filmes

HÄXAN – a feitiçaria através dos tempos. Direção: Benjamin Christensen. EUA: Magnus Opus, 1922. 91 min.

Nesse filme, são documentadas as perseguições promovidas pela Inquisição contra mulheres que, pelo seu comportamento destoante da norma social, eram tachadas de bruxas. Vê-se uma Europa mergulhada no obscurantismo e na intolerância religiosa, com a ilustração de diversas situações de violência e tortura. No filme, é possível perceber que a crença da época em espíritos e demônios é resultado da ignorância e da ingenuidade sobre a natureza e a psique humana.

SANTO Agostinho. Direção: Roberto Rossellini. Itália: Versátil Filmes, 1972. 121 min.

A abordagem de Rossellini evidencia o traço humano na vida e na trajetória de Santo Agostinho até sua conversão. O filme traz uma análise dos contextos social e político da sociedade romana na época das invasões bárbaras. A discussão filosófica e as ideias de Agostinho são apresentadas sempre em relação ao seu contexto histórico, como no caso de sua querela com os maniqueístas. Alguns aspectos de sua personalidade são evidenciados, como sua grande eloquência e capacidade de introspecção.

Atividades de autoavaliação

1. Em relação à filosofia patrística, assinale a alternativa correta:
   a) Foi uma escola filosófica que teve o protagonismo dos primeiros padres da Igreja na produção de uma filosofia que servisse como linha auxiliar da teologia em defesa da fé.
   b) Teve como seus grandes expoentes Ambrósio, Antíoco e Santo Tomás de Aquino, exercendo grande influência em toda a cristandade.
   c) A grande temática que envolveu a produção intelectual dessa época foi a demonstração da existência de uma teologia natural e da ideia de que a razão é suficiente para conhecer a Deus.
   d) Sua conclusão afirma que a fé e a razão são faces da mesma moeda.

2. Em relação ao pensamento de Santo Agostinho, considere as assertivas a seguir e assinale V para as verdadeiras e F para as falsas:
   ( ) Santo Agostinho representa a crise e a derrocada do platonismo dentro do cristianismo.
   ( ) Com seu conceito de livre-arbítrio, Agostinho conseguiu equacionar liberdade humana e intervenção divina no mundo.
   ( ) A questão da presença do mal no mundo é colocada como consequência do pecado original e da limitação humana de fazer uso equilibrado da sua liberdade.

( ) Agostinho entrou em choque com a doutrina católica ao defender as ideias de Platão sobre o uno, o belo e o bem. Sua teologia foi rejeitada e duramente criticada.

Agora, assinale a alternativa que corresponde corretamente à sequência obtida:
a) V, V, F, V.
b) F, V, F, F.
c) V, F, F, F.
d) F, V, V, F.

3. Sobre a relação entre o livre-arbítrio humano e a existência de Deus, é correto afirmar:
   a) A ação humana é temporal e sofre os condicionamentos próprios da mundaneidade, enquanto Deus, que vive no eterno presente, pode conhecer as escolhas humanas e mesmo assim não interferir nelas.
   b) Inevitavelmente, a liberdade humana é condicionada pela presença e existência de Deus. Assim, a escolha do homem recebe atenuantes em sua responsabilidade.
   c) O homem é livre na medida em que se conforma com a vontade divina e age sempre em obediência a Deus.
   d) Para ser plenamente livre, o homem precisa renunciar a Deus.

4. Para Boécio, a filosofia é mais do que um conhecimento teórico e abstrato do mundo. Assinale a alternativa que representa essa concepção:
   a) A filosofia pode proporcionar aos homens o entendimento sobre si mesmos e sobre o mundo e, assim, eles podem superar os sofrimentos e alcançar a paz de espírito.

b) O conhecimento filosófico precisa ser sempre pragmático e útil, ou seja, um saber capaz de auxiliar as pessoas em seu cotidiano. Sem essa conotação empírica, o saber filosófico não tem utilidade.

c) A filosofia é como uma enfermeira que ministra remédios e mantém o espírito e a consciência calmos e sedados.

d) O conhecimento filosófico é um exercício de pura abstração, de busca do saber pelo saber, não havendo nenhuma finalidade prática no ato de filosofar.

5. Para Boécio, qual é a função da filosofia, indo além do aspecto teórico e abstrato? Marque a alternativa correta:

a) A filosofia, além de teórica e abstrata, é também uma técnica, visto que fornece regras lógicas para o pensamento.

b) Boécio vê na filosofia um bálsamo para a alma com efeitos terapêuticos para a existência humana.

c) A filosofia é teórica e prática, pois permite aplicar conceitos e prever acontecimentos.

d) Toda filosofia é uma filosofia de vida.

Atividades de aprendizagem

Questões para reflexão

No pensamento de Santo Agostinho, a discussão sobre o livre-arbítrio remete à explicação da presença do mal no mundo. Tanto o mal físico quanto o mal moral são explicados como consequências das ações humanas quando se desviam da vontade de Deus. Embora o mal não possua existência e substancia próprias, ele se manifesta como a ausência do bem, algo visível na natureza humana enfraquecida pelo pecado e por seus efeitos trágicos na existência individual e na vida em sociedade (Agostinho, 1995).

Tomando como referência os argumentos de Santo Agostinho sobre a questão do mal, reflita sobre as seguintes questões:

1. Se o mal é a ausência do bem e denota a incompreensão por parte das pessoas, que agem sem consciência dessas ações, como fica a responsabilidade pelas consequências de suas ações?

2. Se, para Santo Agostinho, Deus é o sumo bem e sua misericórdia é infinita, seria possível pensar num juízo final e na condenação eterna dos pecadores?

3. Como você interpreta a frase "Devemos crer para compreender"?

4. O livro *Confissões* inaugura um novo gênero literário, uma técnica de introspecção em primeira pessoa. Considere o trecho a seguir e dê sua interpretação:

E tu estavas dentro de mim, mais profundo do que o que em mim existe de mais íntimo, e mais elevado do que o que em mim existe de mais alto. (Agostinho, 2013, p. 22)

Atividades aplicadas: prática

1. Pesquise sobre o assunto *filosofia clínica* e faça algumas relações com o que propõe Boécio a respeito do que a filosofia pode oferecer às pessoas.

2. Assista ao filme *Santo Agostinho* (comentado na seção "Indicações culturais") e elabore uma reflexão sobre a crise e a conversão espiritual desse pensador.

"Na adversidade, desejo a felicidade; na felicidade, temo a adversidade. Entre essas situações extremas, existe um ponto de equilíbrio em que a existência não seja uma tentação?" (Agostinho, citado por Grateloup, 2004, p. 59).

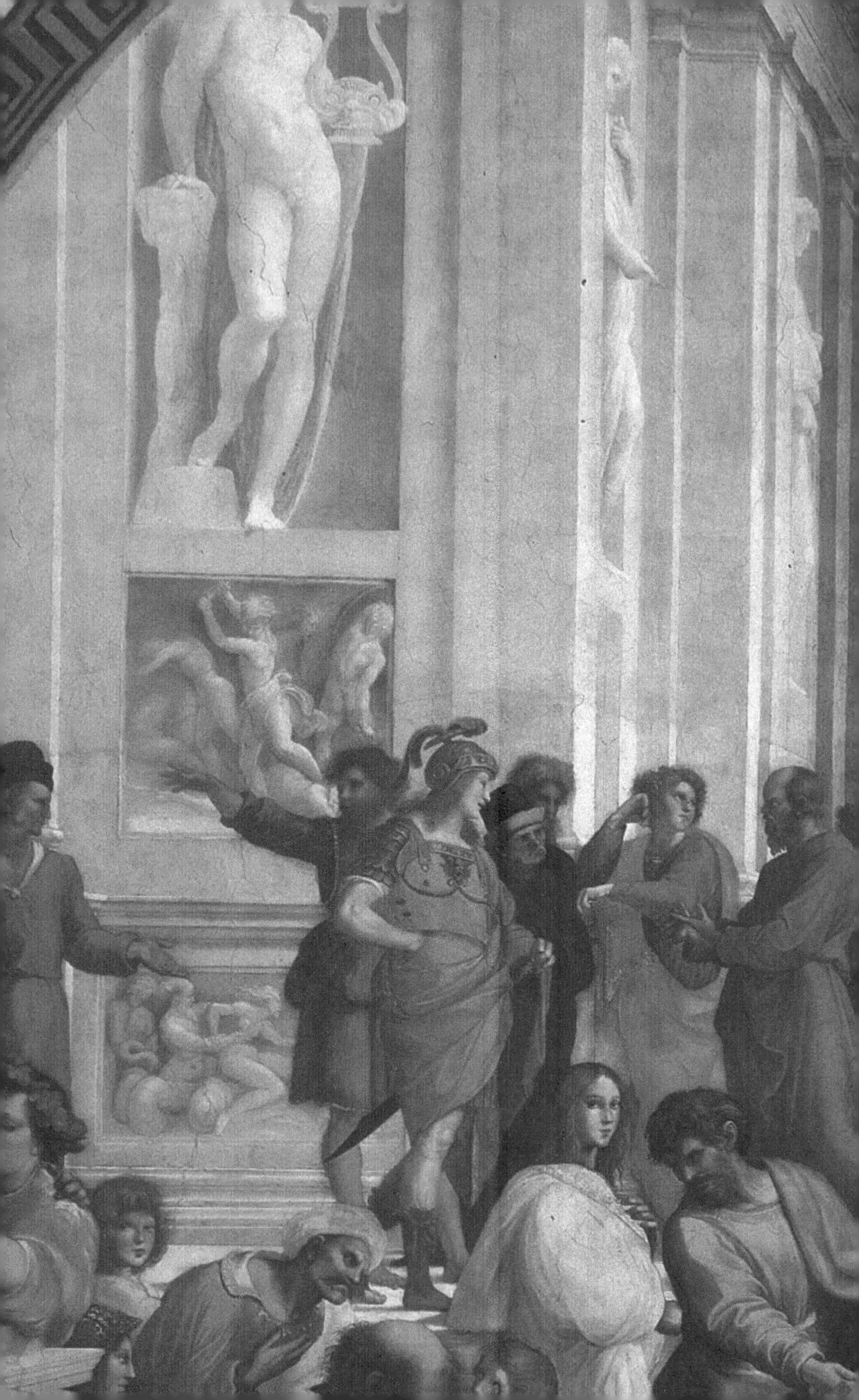

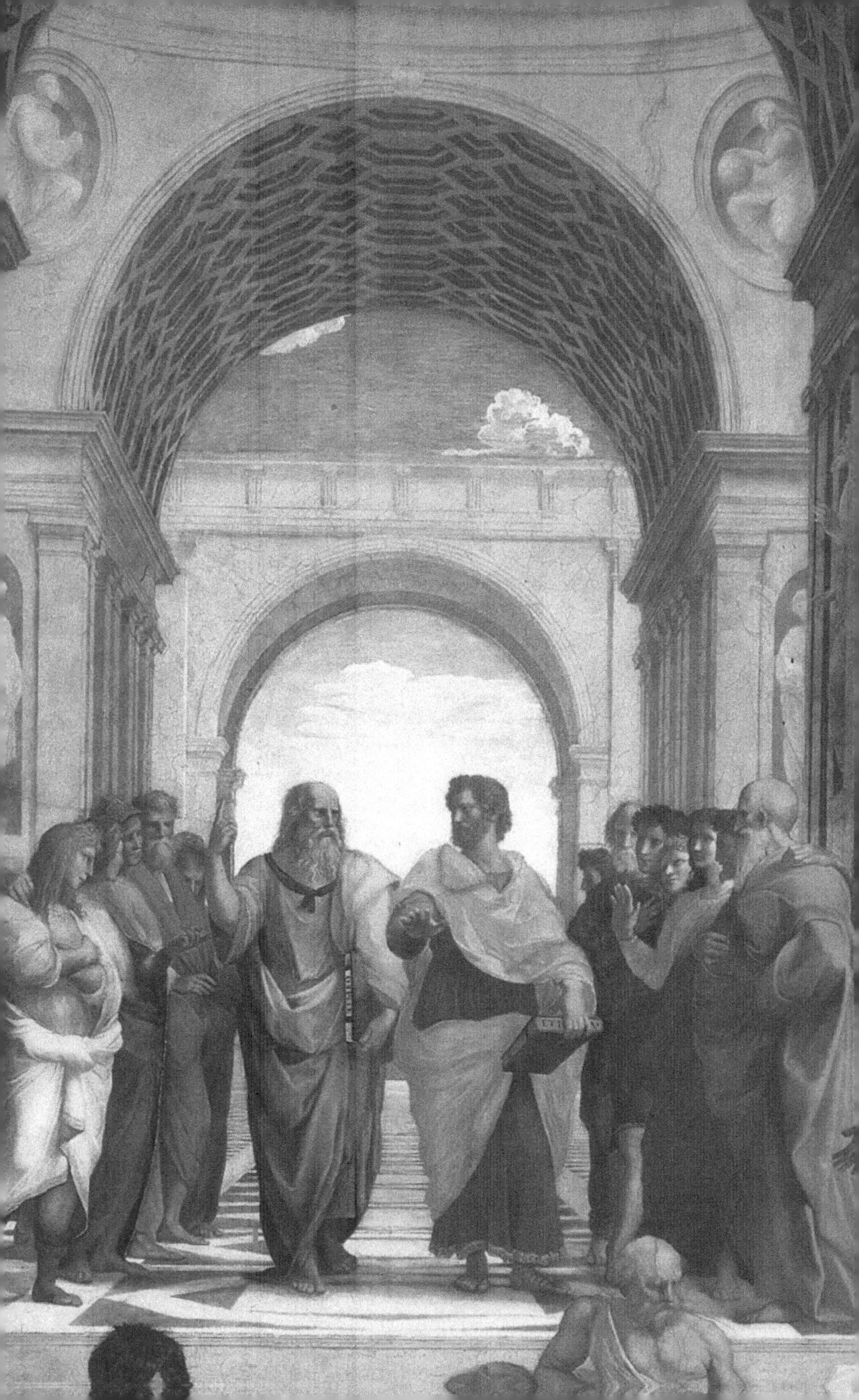

4
A escolástica

Neste capítulo, abordaremos o segundo período do pensamento filosófico cristão, denominado de escolástica. Essa escola representou o esforço de tematizar a fé e a doutrina cristãs, principalmente com base em Aristóteles. Ao longo deste capítulo, apresentaremos alguns autores, suas teses e argumentos.

Figura 4.1 – Sala de aula medieval

Com o enfraquecimento do pensamento originário da patrística, que se articulava em torno da filosofia de Platão, começou a surgir um novo conjunto de autores do pensamento cristão, cuja principal influência foi Aristóteles. A escolástica, como escola do pensamento cristão, demarca um período que vai do século IX até o fim do século XVI. Esse período, de certa forma, representou o resultado de uma ação estratégica de Carlos Magno, imperador coroado pelo Papa Leão III, de organizar um sistema de ensino sob a tutela da Igreja. Essa foi uma forma de irradiar a doutrina católica que, em última análise, promovia uma ideologia que legitimava e perpetuava a visão de mundo cristã, na qual o imperador era o grande líder e protetor (Le Goff, 1983).

Contudo, podemos perceber que o progresso do conhecimento e o avanço da cultura não podem ser contidos ou controlados por muito tempo. Os textos clássicos das eras grega e latina, que durante muito tempo ficaram de conhecimento restrito aos escribas e copistas dos mosteiros, foram aos poucos chegando ao conhecimento do público. Foi isso que ajudou a gestar o que seria uma das épocas mais interessantes e efervescentes da história ocidental: o **Renascimento**.

O nome *escolástica* está associado à forma de ensino dessa doutrina, pois seu estudo era feito nas escolas da época, e o ensino dos professores ficou conhecido como *escolástico*. O currículo abarcava o estudo de gramática, retórica e lógica dialética, além de matemática, aritmética, geometria, astronomia, música e artes (ver Figura 4.1). A forma de ensino era baseada numa metodologia dialética com apresentação de *tesinas*, isto é, os alunos apresentavam um conjunto de afirmações e argumentos a propósito de um tema filosófico proposto pelo professor. Esse era o estilo corrente de estudos e debates da época.

> O **Renascimento** foi mais do que um período histórico entre os séculos XIV e XVII, pois significou um movimento artístico, filosófico, científico e literário que revolucionou a cultura europeia, lançando as bases da modernidade. Tendo como ideia central o humanismo, o homem e as questões humanas tornam-se as principais referências da cultura e da sociedade.

Podemos afirmar que o período escolástico representa um triunfo do aristotelismo na teologia cristã. O contexto de seu desenvolvimento informa uma mudança no paradigma epistêmico de pensar a fé e a razão, uma tendência que passou a se orientar pela valorização da lógica e da experiência como fontes do conhecimento, bem diferente da abordagem inatista de Santo Agostinho.

Costuma-se dividir o pensamento escolástico em três períodos. O primeiro deles é o pré-tomista, tendo nomes como os de São Pedro Damião e São Bernardo de Claraval, que ainda conservam um forte apelo à tradição agostiniana, de valorização do componente místico na relação do homem com Deus.

O segundo apresenta o domínio de Santo Tomás de Aquino e o impacto de seu pensamento na reformulação da doutrina cristã, destacando-se ainda nesse período a figura marcante de Santo Anselmo da Cantuária.

Em sua fase final, a escolástica teve sua agenda incrementada com a discussão de Scoto Erígena sobre a questão dos universais. Nesse período, existiu, ainda, uma grande contribuição de três figuras importantes: Roger Bacon, Duns Scoto e Guilherme de Ockham.

De certa forma, os autores citados, seja pelo viés crítico, seja pelo tom investigativo de suas reflexões, indicaram a formação do que viria a ser o pensamento filosófico moderno. Podemos ver, principalmente em Guilherme de Ockham, os três componentes que estiveram na gênese da modernidade: a visão crítica, uma boa dose de ceticismo e a valorização da autonomia e da independência intelectual.

Para nosso estudo, daremos ênfase às figuras de Scoto Erígena, Santo Anselmo, Santo Tomás de Aquino e Guilherme de Ockham, aprofundando seus pensamentos e explicando a importância de cada um para o desenvolvimento da escolástica.

4.1
João Scoto Erígena

A *formulação do* pensamento de Erígena teve forte influência de Platão, mas não diretamente. Houve o que foi chamado de *neoplatonismo cristão*, principalmente com a retomada do pensamento contido nas obras de Orígines e dos padres gregos (Spinelli, 2002). Desse modo, um dos temas centrais da obra de Erígena é a retomada do problema levantado anteriormente por Platão, o da participação entre a realidade divina, do mundo imaterial, e a realidade física e humana – o qual, em toda a tradição do pensamento cristão, ficou sem uma resposta satisfatória.

A base do argumento de Erígena para pensar o problema em questão foi o pressuposto de que as criaturas de alguma maneira participam da natureza divina, recebendo desta o ser. Deus é, portanto, a origem e a fonte de manutenção de toda a criação (Gilson, 2002). Assim, é o pensamento de Deus como suprema realidade que mantém a existência dos seres como realidade objetiva possível. Deus é o ser necessário das criaturas, que são aparições contingentes. Desse modo, considerando-se essa relação uma verdade, a função da razão é buscar a iluminação mediante o conhecimento adquirido sobre os mistérios de Deus.

De certa forma, Erígena criou para a teologia cristã uma armadilha. O racionalismo lógico que ele desenvolveu na investigação filosófica e teológica sobre Deus e sua criação leva a certo desencanto pelo sentido do mistério e da fé, pois esta não é necessariamente conhecimento, mas aceitação involuntária daquele. Ou seja, cremos porque não conhecemos; se, de fato, pudéssemos conhecer, então saberíamos e não precisaríamos crer.

Figura 4.2 – João Scoto Erígena

Nascido na Irlanda, de onde vem a origem de seu nome, *Eurin*, no ano de 810, Scoto Erígena se destacou como intelectual pelo seu brilhantismo e pelo raciocínio lógico impecável. Esses atributos lhe valeram um convite para se tornar conselheiro do Rei Carlos, o Calvo, na França.

O raciocínio que perpassa a análise de Erígena segue num duplo caminho dedutivo. Primeiramente, toma-se Deus como unidade originária que cria, a partir de si, de seu pensamento e de sua palavra, todas as coisas. Parte de Deus a existência de tudo o que foi criado, incluindo a comunidade celestial, os anjos, o mundo, o homem e todas as demais criaturas. Em seguida, tenta-se estabelecer o caminho inverso, das criaturas para o homem e deste para o mundo até Deus. Assim, vai-se primeiro da unidade para a diversidade e, depois, inversamente, da diversidade para a unidade.

Esse movimento foi descrito na estrutura quaternária da natureza, por meio da qual temos:

> Quatro diferenças permitem a divisão da natureza em quatro espécies, a primeira é a que cria e não é criada, a segunda é a que é criada e cria, a terceira a que é criada e não cria, a quarta aquela que não é criada e nem cria. Mas as quatro formam dois pares de opostos. Pois a terceira é oposta à primeira, a quarta à segunda; mas a quarta está entre os impossíveis, cujo ser é não poder ser [...] pois a primeira cria e não é criada, por isso tem seu contrário naquela que é criada e que não cria; a segunda à quarta, pois a segunda é criada e cria e contraria em tudo à quarta que não é criada nem cria. (Erígena, citado por Silva, 2006, p. 37)

Tentando simplificar o argumento, podemos dizer que a primeira natureza, embora não sendo criada, pode criar. Essa natureza é Deus.

A natureza que é criada e que também pode criar, isto é, a segunda natureza, refere-se ao *logos* divino, o Cristo, que, antes de encarnar na forma humana, estava junto de Deus. É por meio dele que todas as coisas foram criadas, constituindo-se, então, na causa das coisas.

O espírito de Deus é a manifestação de sua essência e, portanto, a terceira natureza criada, mas que não cria. O espírito de Deus, de que Erígena fala, parece se referir ao Espírito Santo, que, na tradição bíblica, é o auxiliador, aquele que guia e inspira os homens.

A quarta natureza, que não é criada e não cria, representa o fim do argumento: Deus, o sentido teleológico supremo de toda a criação, para onde tudo converge.

> O **neoplatonismo** foi uma escola filosófica fundada em Alexandria no século III d.C. Inspirada nas ideias de Platão, defendia que as verdades religiosas estão presentes nas instituições e podem ser conhecidas pelos homens. Entre suas teses se encontram: Deus é o sumo bem; as coisas criadas são emanações de Deus e; o mundo retornará para Deus por meio do homem divinizado (Abbagnano, 2007, p. 710).

Todo movimento destina-se a entrar em repouso em Deus, fim último de toda criação.

Essa complicada organização representa a tentativa de Erígena de dar uma resposta ao problema da participação, que, em última análise, remete ao entendimento de como se dá a relação de Deus com a sua criação.

Outra temática que ocupou lugar de destaque na filosofia de Erígena foi a questão dos universais, que pode ser assim formulada: os conceitos representam realidades objetivas e particulares ou são meras abstrações sem uma correspondência empírica? Trata-se de um problema que sempre esteve na agenda da filosofia, desde Platão, passando pelos céticos e chegando até a filosofia analítica (principalmente na filosofia da linguagem, de Wittgenstein).

O problema que envolve a relação entre o mundo subjetivo (sujeito) e a realidade objetiva (objeto), bem como da linguagem para descrever essa relação (conhecimento conceitual), teve três possíveis entendimentos.

O primeiro deles aconteceu sobretudo na filosofia de Platão, com seu realismo das ideias. Ou seja, para Platão – e, antes dele, Sócrates –, *justiça, bem, beleza, coragem, mesa, maçã* ou *cavalo* não são só palavras, são essências que a alma humana, por meio da sua faculdade racional, pode captar. Dito de outra forma, a ideia de *mesa* é mais real que a própria mesa. Com o tempo, toda mesa existente no mundo físico vai desaparecer, pois a matéria é intrinsecamente corruptível. Porém, a mesa como conceito, como essência, é eterna, imutável. *Grosso modo*, nisso consiste a doutrina do realismo das ideias de Platão.

O segundo entendimento apareceu na perspectiva de Aristóteles, para o qual existe um realismo moderado. Todos os entes, isto é, as coisas que existem como seres individuais, possuem uma imanência, participam do ser, possuem um grau do ser. Aristóteles tenta explicar essa posição com sua doutrina do **hilemorfismo** (*hilé*, em grego, significa "matéria", e *morphé*, também do grego, significa "forma"). Todos os seres corpóreos são constituídos de matéria, daquilo que são feitos, e forma, isto é, o modo como são feitos ou a aparência que têm, quando são em ato. São princípios distintos, porém complementares. O conteúdo substancial de todos os seres que existem está em sua matéria, a qual está sempre em movimento, passando de um estágio a outro, indo de ato a potência. Essas propriedades da matéria e da forma dos seres explicam a origem do movimento e da transformação presente na dinâmica da natureza.

> O **hilemorfismo** foi uma doutrina elaborada por Aristóteles e amplamente utilizada entre os filósofos escolásticos. Trata de dois princípios distintos, porém complementares (matéria e forma), que ajudam a entender a constituição de tudo o que existe e pode ser percebido pelos sentidos.

O terceiro possível entendimento refere-se às perspectivas nominalista e conceptualista. De acordo com elas, o universal, concebido como uma ideia, qualidade ou essência comum a todos os objetos que são indicados pelo mesmo nome, não representa uma realidade objetiva; trata-se apenas de uma palavra. Toda a linguagem, os conceitos construídos com ela, são, na verdade, metáforas, representam uma tentativa da mente de se aproximar da realidade, mas sem garantia de que de fato isso seja possível. Os conceitos satisfazem a uma exigência lógica dos sujeitos de se referir ao mundo dos objetos, de se comunicar e interagir uns com os outros e com a própria realidade. Nossa linguagem e nossos conceitos não derivam de uma base ontológica a qual se possa comprovar indubitavelmente. Dito de outro modo, não podemos ter segurança e certeza de que nossas palavras possam apreender a essência das coisas. Nossa linguagem não alcança a realidade absoluta, pois as palavras não traduzem totalmente as coisas; são somente sons, aos quais atribuímos arbitrariamente significados.

Nas filosofias helenísticas, como o epicurismo e o ceticismo, já estava presente a crítica nominalista. Aliás, o problema da relação entre sujeito e objeto e a mediação entre eles, operada pela linguagem e pelo pensamento, sempre estiveram presentes na agenda da filosofia. Uma das alternativas mais elaboradas para a compreensão desses conceitos se deu em Kant, por meio do seu criticismo.

4.2
Santo Anselmo

A *filosofia medieval* sempre sentiu uma necessidade de justificar racionalmente a fé católica. Podemos questionar sobre o êxito dessa tarefa. As inúmeras controvérsias desse período, envolvendo os dogmas de fé, informam que, se houve algum sucesso nessa empreitada, ele foi parcial.

No legado do pensamento filosófico cristão, seguramente podemos indicar a contribuição de Santo Anselmo da Cantuária. Seu posicionamento firme e consistente a respeito dos ensinamentos da Igreja contribuiu para que ele se tornasse arcebispo da Cantuária (*Canterbury*, em inglês). Sob o influxo dos ensinamentos e da influência de Santo Anselmo, essa cidade se tornaria o principal centro religioso do Reino Unido.

Figura 4.3 – Santo Anselmo

Nascido no ano de 1033, Santo Anselmo teve uma vida devotada aos estudos e aos ensinamentos da doutrina cristã. Por volta dos 20 anos, ingressou no monastério de Bec, na França, pela Ordem Beneditina. Lá, tornou-se monge e, posteriormente, abade, em 1078.

Em pelo menos dois momentos, Santo Anselmo se envolveu em conflitos com Guilherme II, em virtude de sua posição em relação ao reconhecimento de Urbano II como papa e também pela exigência de que as terras da arquidiocese fossem devolvidas pelo rei. Por fim, Anselmo teve seu pedido aceito e, já reconciliado com o rei, veio a falecer aos 76 anos.

É notória a sua maior e mais famosa contribuição à produção filosófica, a prova ontológica da existência de Deus. Seu argumento tem a seguinte formulação:

> *Portanto, Senhor, Tu que dás o teu entendimento da fé, concede-me que, quando sabes ser-me conveniente, entenda que existes como acreditamos e que és o que acreditamos que sejas. E na verdade acreditamos que Tu és algo maior do que o qual nada pode ser pensado. Acaso não existe uma tal natureza, pois o insensato disse no seu coração "não há Deus"? Mas com certeza esse mesmo insensato, quando ouvir isto mesmo que digo, algo maior do que o qual nada pode ser pensado, entende que o que ouve e o que entende está no seu intelecto, ainda que não entenda que isso exista. Com efeito, uma coisa é algo estar no intelecto, outra é entender que esse algo existe. Com efeito, quando o pintor concebe previamente o que vai fazer, tem isso mesmo no intelecto, mas ainda não entende que exista o que não fez. Mas, quando já pintou, não só o tem no intelecto como entende que existe aquilo que já fez. E, de fato, aquilo maior do qual nada pode ser pensado não pode existir apenas no intelecto. Se está apenas no intelecto, pode pensar-se que existe na realidade, o que é ser maior. Se, portanto, aquilo maior do que o qual nada pode ser pensado está apenas no intelecto, aquilo mesmo maior do que o qual nada pode ser pensado é aquilo relativamente ao qual pode pensar-se algo maior. Existe, portanto, sem dúvida, algo maior do que o qual nada é possível pensar não apenas no intelecto, mas também na realidade [...]. Se Deus é a maior realidade sobre a qual podemos pensar, é porque existe realmente.* (Santo Anselmo, citado por Rovighi, 1949, p. 27, tradução nossa)

O argumento ontológico da prova de Deus, escrito por Santo Anselmo, está contido nos Capítulos II e III de sua obra *Proslogion*, um diálogo entre Deus e um fiel, que foi escrita entre 1777 e 1778. Mas ele também apareceu em Kant, em 1781, quando o filósofo alemão elaborou sua crítica acerca do assunto.

Se pudéssemos resumir a lógica interna do argumento de Santo Anselmo, poderíamos esquematizá-lo da seguinte forma:
1. Podemos pensar em um ser maior do que qualquer outro.
2. A realidade é muito maior do que a nossa mente.
3. Se o ser em que pensamos existir somente na nossa mente, então ele não será o maior ser que existe.
4. Assim, o ser em que pensamos também deve existir na realidade.
5. Para que seja o maior ser, ele precisa existir na nossa mente e na realidade.
6. Logo, o ser em que pensamos e que existe na realidade é Deus.

Ainda poderíamos sintetizar esse argumento da seguinte forma: se eu, como homem, um ser finito e limitado, posso ser capaz de pensar em um ser maior do que tudo, além de ser maior, ele é perfeito em si mesmo. Ora, a causa de um pensamento assim, sobre um ser perfeito e maior do que todos os outros, deve ter como causa algo fora de mim. Assim, Deus, como ser perfeito, deve ser a causa desse pensamento em mim, um ser imperfeito e limitado.

O argumento de Santo Anselmo parte de duas premissas básicas que precisam ser aceitas para que a conclusão lógica seja precisa e se torne legítima. Primeiro, é necessário aceitar que Deus é um ser do qual não se pode pensar nada maior. Depois, devemos considerar que a existência é uma condição superior à não existência. No final, o fiel precisa aceitar a existência de Deus para não cair em contradição.

Ao longo da história da filosofia, esse argumento não passou sem reexames e críticas. Um contemporâneo de Santo Anselmo, um monge chamado Gaunilo de Marmoutiers, mostrou a fragilidade do argumento ao mostrar que não se pode passar do plano lógico ao plano ontológico. Ou seja, podemos imaginar uma ilha maior do que todas as outras, mas o fato de sermos capazes de imaginá-la não significa que ela deva necessariamente existir.

Immanuel Kant afirmou algo semelhante. O plano formal do pensamento e do raciocínio, ou seja, ser capaz de pensar em uma realidade abstratamente, metafisicamente, não significa que se possa conhecê-la. Kant insistiu na separação entre o mundo das essências – ou *nôumenos* – e o fenômeno – o plano da aparência, de como as coisas se revelam objetivamente e são captadas pela experiência humana. Deus, portanto, é uma realidade *noumênica*, a qual o entendimento humano não alcança, visto que o intelecto dos homens só pode elaborar conceitos sobre os dados da experiência sensível.

4.3
Santo Tomás de Aquino

O início dos estudos de Santo Tomás de Aquino aconteceu na Universidade de Napóles. Após seu incurso na vida acadêmica, ele veio a fazer parte de uma das ordens religiosas que alcançou enorme prestígio com o papa. Os dominicanos eram exímios pregadores e profundos conhecedores das tradições eclesiástica e bíblica. Em Colônia, na Alemanha, Santo Tomás Aquino entrou em contato com o famoso teólogo Alberto Magno, por quem foi iniciado na obra de Aristóteles.

Santo Tomás de Aquino se destacou como intelectual e veio a receber o convite para se tornar mestre na Universidade de Paris, atuando como professor por mais de dez anos. Em um dos episódios mais marcantes de sua vida, ficou abalado pela visão mística que tivera de Deus. Ainda sob o efeito do êxtase, teria dito: "Tudo o que escrevi é palha". Entre suas obras mais conhecidas, encontram-se *Questões disputadas da verdade escrita,* de 1256; *Suma teológica*, datada de 1265-1274; e *Sobre a eternidade do mundo*, de 1271.

Conta-se que, quando Santo Tomás de Aquino ainda era noviço, seu jeito silencioso e taciturno lhe valeu o apelido de *boi mudo*. Em um dos momentos em que seus colegas o caçoavam por seu apelido, seu professor Alberto Magno teria advertido que o jovem a quem chamavam de *boi mudo* ainda faria o mundo todo ouvi-lo quando decidisse falar.

De todo modo, o fato é que Santo Tomás de Aquino tornou-se um dos mais célebres teólogos e santos da Igreja, a ponto de receber o título de *Doutor Angelicus*. Quando houve o processo para a sua canonização, questionou-se o fato de não haver milagres que atestassem sua santidade. Foi então que o Papa Pio V, que o havia proclamado doutor da Igreja, teria dito que cada página de sua *Suma teológica* era um milagre e um presente na formação de toda a cristandade. Em sua vasta obra, ele não só formulou uma teologia natural, como tratou ainda de ética, direito, metafísica e teoria política.

Figura 4.4 – Santo Tomás de Aquino

Santo Tomás de Aquino (1225-1323) nasceu em Roccasecca, na Itália. O início de sua vida religiosa foi conturbado. Pertencente a uma família aristocrática, seus pais eram contrários a ele seguir sua vocação. Contudo, diante da determinação do filho, mesmo que relutantes, tiveram de aceitar seu ingresso na Ordem dos Dominicanos. Os escritos de Santo Tomás de Aquino versavam sobre a metafísica aristotélica e a teologia cristã. Morreu com 49 anos.

Como aristotélico, Santo Tomás de Aquino estava propenso à valorização da ética, do raciocínio indutivo e da experiência como critério auxiliar na busca pelo conhecimento e pelo entendimento das verdades reveladas. Desse modo, ele rejeitou o inatismo platônico-agostiniano e postulou que o conhecimento decorria da conjugação da sensibilidade e do intelecto. Isso quer dizer que pelos sentidos captamos a realidade que está fora de nós, enquanto pelo intelecto organizamos as sensações em conceitos e categorias. O conhecimento intelectual, como uma manifestação da faculdade da alma, é superior à sensibilidade, mas depende desta para elaborar conceitos.

Os pensamentos de Santo Tomás de Aquino nos levam a entender que os objetos exteriores, para serem conhecidos em suas propriedades gerais e fundamentais, passam por um processo de elaboração e síntese. Tudo começa com o olhar que capta o sinal da materialidade. O prosseguimento e a continuidade dessa experiência permitem ao intelecto humano abstrair as características comuns aos objetos e, dessa maneira, formular os conceitos sobre eles.

Assim, o que é essencial, ou inteligível, como atributo presente nos objetos, só pode ser percebido de modo limitado em sua materialidade pelos sentidos. Sem o concurso da razão, seria muito difícil captar o que constitui a essência de cada objeto (Durozoi; Roussel, 1999).

Esse processo de conhecimento é algo natural no homem, pois acontece como uma dinâmica própria da razão, que organiza os conteúdos da experiência. Trata-se de uma qualidade interna do sujeito que conhece. Dessa forma, Santo Tomás de Aquino negou a teoria da iluminação de Santo Agostinho. Para ele, a compreensão é um movimento *a posteriori*, um exercício intelectual, racional e lógico. Referimo-nos a um realismo moderado, ou seja, os conceitos não são as próprias coisas, mas as descrevem por similitudes, sendo imagens mentais do mundo exterior. Quanto mais próximo do objeto estiver a descrição, mais verdadeiro será o conceito.

Nesse panorama, a noção de verdade no tomismo estabelece uma relação de adequação entre o sujeito e o objeto, a coisa e o intelecto.

Seria, portanto, necessária a demonstração lógica e argumentativa para testar o quanto essa correspondência pode ser coerente e adequada ou confusa e contraditória.

4.3.1 A metafísica tomista

A novidade trazida por Santo Tomás de Aquino em relação à tradição grega refere-se a sua reinterpretação do pensamento aristotélico no que concerne ao ser e não tanto aos entes e a suas essências. Por *entes* podemos entender todas as coisas percebidas ou que podem ser nomeadas. Existem os entes lógicos, cuja existência serve para análise e predicação dos objetos, e os entes físicos ou materiais.

O ser é estudado em sua unidade e na diferenciação que assume no conjunto dos entes. Para Santo Tomás de Aquino, interessava captar e entender o grau de unidade presente nos entes, pois tudo o que existe é um ente, inclusive o próprio Deus. Todavia, em Deus, o ser é pleno e totalizante, absoluto e imutável. Já o mundo, o homem e todos os seres criados são entes, mas de um modo diverso. É como se disséssemos que Deus é puro ser e contém em si o ser. Os demais entes participam do ser. Em poucas palavras, Deus é o ser. O homem e o mundo contêm o ser (Gilson, 2002).

Reproduzindo a lógica do hilemorfismo aristotélico, Santo Tomás de Aquino o aplicou para explicar a relação entre Deus e o mundo, mostrando que os entes participam do ser de Deus, mas em graus diferenciados. Nesse sentido, cada ente apresenta um nível de perfeição. Um mineral é menos complexo e desenvolvido do que uma planta, por exemplo. Assim, a planta apresenta um grau elevado de perfeição em relação a uma pedra. Contudo, se comparada a um animal – um cão, por exemplo –, a planta é inferior. Um cão é bem mais complexo que a planta, apresentando um grau de perfeição maior. Assim, seguindo um movimento de atualização, cada ente realiza seu potencial atingindo diferentes graus de perfeição. Nesse contexto, o homem, como ente racional, está acima dos demais seres naturais, já que apresenta um grau de perfeição maior, sendo mais elaborado e complexo de todos, ou seja, entre os seres da natureza, o homem, por ser racional, é o mais perfeito.

Santo Tomás de Aquino argumentou, no entanto, que somente Deus tem a plena perfeição, pois é ato puro, coincidindo, em seu ser, a potência e a existência. Deus é, portanto, um ser necessário, pois não se altera. Nele não existe mudança nem contingência. Ao aplicar essa perspectiva na doutrina da Igreja, Santo Tomás de Aquino inaugurou uma teologia natural que tem como pressuposto básico o fato de que a criação é sustentada pelo ser de Deus.

A investigação de Santo Tomás de Aquino o levou a contemplar o mistério da criação. Afinal, a existência do ser coloca a possibilidade de que o nada poderia existir. A vida em sua infinita complexidade e mistério, é o supremo argumento de que Deus existe.

A ideia é que, com essas argumentações, mesmo um não crente, alguém que nunca tivesse ouvido falar de Deus ou nunca tivesse sido iniciado em alguma religião, poderia chegar à compreensão de Deus e de sua existência. Isso aconteceria somente pelo exame racional da realidade, percebendo-se suas leis, seu funcionamento, sua beleza e sua bondade intrínseca, notando-se a assinatura da inteligência suprema que a criou.

Santo Tomás de Aquino, ainda no viés aristotélico, defendeu que o princípio hilemórfico se aplica tanto aos seres quanto ao conjunto dos entes físicos e materiais. Na natureza, tudo o que existe precisa assumir uma forma, adquirir substância para poder ser conhecido. A forma representa um modelo universal que se objetiva e se materializa individualmente em cada ser enquanto ato.

Em resumo, na metafísica aristotélico-tomista, a matéria, considerada em sua composição, possui substância complementar. Por um lado, apresenta-se como realidade indeterminada; por outro, em sua configuração atualizada como matéria, precisa se diferenciar como ente, assumir uma forma, o que denota ação, atividade, algo próprio do mundo dos entes. Essa explicação se complementa com a teoria das quatro causas, incorporadas à teologia tomista. Se a matéria precisa de alguma forma para se atualizar, esse movimento de potenciação e atualização é um movimento causal.

A causa material, nesse caso, é aquilo que denota a estruturação do ente, do que ele é feito. A causa eficiente é a atuação intencional de um agente que dá forma à matéria. Já a causa formal denota a forma própria do ente, sua identidade, sua diferenciação no mundo, e a causa final é o escopo telúrico da metafísica tomista, o sentido último, a finalidade do ente.

Podemos exemplificar a teoria das quatro causas analisando um objeto qualquer, como uma espada. O metal utilizado na sua confecção é causa material, enquanto a ação do ferreiro é a causa eficiente que forja a espada. A causa formal, por sua vez, é a forma própria da espada, o que a diferencia de uma lança e lhe confere identidade e individualidade como ente, como objeto. A causa final é a utilidade da espada, que pode ser a luta, a defesa ou o ornamento.

4.3.2 Sobre o mundo

Para iniciarmos esta subseção, mostramos uma imagem que retrata uma questão que ocupou lugar importante na filosofia tomista: a existência e a criação do mundo. Na Figura 4.5, vemos uma obra de William Blake, poeta e pintor inglês que viveu no século XVIII. O quadro representa Deus criando o mundo.

Figura 4.5 – O ancião dos dias, *de William Blake*

BLAKE, W. **O ancião dos dias**. 1794. 1 gravura em relevo: color. 23,3 × 16,8 cm.

Ao longo da história da filosofia, foram vários os pensadores e as correntes filosóficas que tentaram, por um lado, com suas diferentes metafísicas, demonstrar racionalmente a validade do argumento que postula a ação criadora de Deus ou, por outro lado, negá-la, defendendo uma posição ateísta. Discordando de Aristóteles, para quem o Universo sempre existiu, em seu perpétuo movimento de transformação, Santo Tomás de Aquino assumiu o relato bíblico, defendendo que Deus criou o Universo. A discordância quanto ao argumento aristotélico é parcial, no entanto. Ao tratar dessa questão, Santo Tomás de Aquino tinha em mente um duplo objetivo:

1. defender a coerência da lógica de Aristóteles contra os que o acusavam de erro (como **Filopono** e seus seguidores);
2. legitimar os ensinamentos da fé cristã.

Para Santo Tomás de Aquino, Deus, como criador, poderia ter criado do nada o Universo ou, ainda, ter criado um Universo eterno.

> **João Filopono** foi um filósofo de Alexandria que viveu no século VI. De orientação platônica, converteu-se ao cristianismo e passou para a história da filosofia como crítico feroz da tese aristotélica sobre a eternidade do mundo. Afirmava que tudo o que existe foi criado do nada por Deus.

A aparente contradição pode ser mais bem esclarecida por Kim (2011, p. 91): "Aquino deu um exemplo de como isso poderia acontecer. Imagine que um pé deixa uma marca na areia, e que esta tenha sempre estado lá. Mesmo que nunca houvesse um momento anterior à marca, ainda reconheceríamos o pé como causa da marca: se não fosse pelo pé, não haveria marca".

4.3.3 *As cinco vias para Deus*

Há algumas considerações iniciais sobre o modo como Santo Tomás de Aquino descreve Deus. A primeira e importante distinção se coloca entre *ser* e *existência*, que em Deus são diferentes, pois

> a existência é um complemento de toda substância, um atributo pertencente a sua essência, algo que lhe sobrevém como inerente. Contudo, somente Deus não recebe a existência como complemento de sua própria essência. Numa palavra, Deus não tem sua própria existência, ele é sua própria existência. (Gilson, 2002, p. 23)

Deus, portanto, não se encontra limitado por sua natureza. Sua realidade é pura, simples, em perpétua atualidade. Não existe potencialidade em Deus, sua essência é absoluta, puro ser. A principal diferença entre Deus e as realidades criadas é que estas são substâncias compostas, cuja essência existe por participação no ser de Deus. Elas não são, pois, as causas de si próprias e, como tal, são contingentes, sua existência não afeta a ordem do ser.

A cosmologia de Santo Tomás de Aquino

As questões de Deus e de sua existência, seus atributos, sua relação com o mundo e com o homem, aparecem com frequência na obra de Santo Tomás de Aquino. Sua obra apresenta até mesmo referências à doutrina criacionista, que foi ganhando força progressivamente dentro da Igreja, configurando uma tentativa de conciliar ciência e religião.

Figura 4.6 – Imagem de uma galáxia

Claudio Caridi/Shutterstock

A Figura 4.6, que mostra uma galáxia, busca ilustrar a cosmologia de Santo Tomás de Aquino. Essa perspectiva de eternidade do mundo já se encontra presente no pensamento do autor quando ele afirma que Deus pode ter criado o mundo (Universo), mas de modo que ele sempre tenha existido.

Passemos agora à apresentação das cinco vias para provar a existência de Deus. Vale lembrar que todo esse exercício é lógico e argumentativo, demonstrando a força e a capacidade intelectual de Santo Tomás de Aquino.

4.3.3.1 A primeira via – Do movimento

Todo movente é movido por algo. Em uma sucessão lógica, no plano das coisas criadas, não existe o automovente. Assim expressa Santo Tomás de Aquino esse argumento:

> A primeira [via], que é a mais evidente, é a que parte do movimento. Com efeito, é certo e sabido pelos sentidos que algumas coisas se movem neste mundo. Ora, tudo aquilo que se move é movido por outro, já que uma coisa não se desloca se não for em potência em relação ao termo do movimento; ao passo que quem move, move enquanto está em ato. Com efeito, mover quer dizer levar da potência ao ato. Ora, uma coisa não pode ser levada de potência a ato senão em virtude de um ente que já está em ato. Por exemplo, aquilo que é quente em ato, como o fogo, torna quente a madeira, que estava quente em potência, e assim a muda e a altera. Mas não é possível que a mesma coisa esteja ao mesmo tempo em ato e potência sob o mesmo aspecto. Só pode sê-lo sob aspectos diversos: aquilo que é quente em ato não pode sê-lo também em potência, mas é, ao mesmo tempo, frio em potência. Assim, é impossível que, sob o mesmo aspecto e ao mesmo tempo, uma coisa seja movente e movida (movens et motum), ou seja, que mova a si mesma. Portanto, tudo aquilo que se move deve ser movido por outro. (Aquino, citado por Reale; Antiseri, 2003, p. 221)

Pensar o movimento sequencialmente nos leva a uma cadeia infinita de uma ação que move e de uma reação movente. A análise lógica desse processo supõe, então, um movimento originário, que coloca em curso um progresso infinito de ato e potência. Logo, para fazer sentido, é necessário supor a existência de um primeiro motor imóvel que, estando parado, em repouso, em ato puro, coloca tudo em movimento.

O sentido metafísico desse argumento remete a uma consideração de ordem cosmológica e outra de ordem antropológica. A natureza não pode ser tomada como a causa de si mesma, e o homem, mesmo no exercício de sua racionalidade e vontade, não deixa de permanecer como ser movido.

4.3.3.2 A segunda via – Da causa eficiente

As realidades criadas não são em si mesmas as causas de suas existências, logo, foram causadas pela ação de outro ou de outros seres. Na relação infinita que se pode estabelecer entre causa e efeito, um retorno final é impossível, pois contraria o sentido lógico do argumento e da própria lei da causalidade. Vejamos:

> A segunda via parte da noção de causa eficiente. No mundo das coisas sensíveis nos defrontamos com a existência de uma ordem de causas eficientes. Não há caso conhecido e, na verdade, é impossível que uma coisa seja a causa eficiente de si mesma, porque para tanto deveria ser anterior a si mesma, coisa inconcebível. Ora, não é possível ir ao infinito na série das causas eficientes, porque em todas as causas eficientes ordenadas a primeira é a causa da intermediária que é causa da última, podendo as causas intermediárias ser várias ou uma só. Ora, anular a causa significa anular o efeito. Por isso, se não houver uma causa primeira entre as causas eficientes, não haverá nem causa intermediária nem causa última. Mas, proceder ao infinito nas causas eficientes significa eliminar a causa eficiente primeira; assim não teríamos nem efeito último, nem causas eficientes intermediárias, o que, evidentemente, é falso. Por isso, é necessário admitir uma primeira causa eficiente, à qual todos dão o nome de Deus.
> (Aquino, citado por Reale; Antiseri, 2003, p. 223)

A argumentação lógica impecável de Santo Tomás de Aquino evidencia uma assinatura inteligente no Universo. A lei da causalidade denota inteligência, ordem e organização. Ora, se existe uma ordem, é necessário que exista um ordenador. A lei da causalidade, assim como as demais leis que regem a natureza e o Universo, seja a lei da gravidade, seja a lei do eletromagnetismo, aponta para um sentido intrínseco na ordem das coisas. A prova da causa eficiente nos indica essa conformação telúrica a encadear os entes e suas causas, sendo Deus a causa última, a causa primeira e, ainda, a causa incausada.

4.3.3.3 A terceira via – Do contingente e do necessário

Esse argumento surge como consequência do argumento anterior. Para a realidade das coisas criadas, a existência é somente uma possibilidade, não uma necessidade absoluta, de modo que, não existindo a causa, não haverá o efeito que lhe é correspondente. Ou seja:

> A terceira via deriva do possível [ou contingente] e do necessário, e é esta. Encontramos coisas que têm possibilidade de ser e não ser, pois constatamos que se geram e se corrompem e, consequentemente, lhes é possível tanto ser como não ser. Mas é impossível que todas as coisas dessa natureza tenham existido sempre, pois o que pode não ser, em algum tempo não existia. Por isso, se todas as coisas [existentes na natureza são tais que] podem não existir, em algum tempo não haveria nada de existente. Ora, se isso é verdade, também agora não haveria nada de existente, pois o que não existe só começa a existir por meio de alguma coisa que já existe. Por isso, se em algum tempo não havia nenhum ser, teria sido impossível alguma coisa começar a existir e, assim, também agora nada existiria, o que, evidentemente, é falso. Por isso, nem todos os entes são contingentes, mas é preciso que na realidade haja alguma coisa necessária. Ora, toda coisa necessária tem a sua necessidade causada por outra, ou não. Ora, é impossível ir ao infinito nas coisas necessárias, que têm a causa de sua necessidade em alguma outra coisa, como já foi demonstrado a respeito das causas eficientes. Por isso, não podemos deixar de admitir a existência de um ser que seja em si mesmo necessário, e não receba de outros a própria necessidade, mas seja causa de necessidade para os outros. E a este todos chamam Deus. (Aquino, citado por Reale; Antiseri, 2003, p. 224)

As realidades criadas, isto é, todos os entes que somente participam do ser por sua essência, mas que, como seres finitos, vão desaparecer, são consideradas por Santo Tomás de Aquino como contingentes. Elas não se bastam a si mesmas, e sua existência é temporária e contingente, não afetando a ordem das coisas.

Logo, se todos os entes são contingentes, significa que em um tempo não existiram, então passaram a existir e estão a caminho de desaparecer. Isso acontece pois tudo o que é contingente morre, desaparece, se transforma, deixa de ser. Então, um dia nada existiu, assim como um dia nada mais existirá.

De todo modo, existindo o contingente, deve, portanto, existir um ser necessário, um ser cuja existência não dependa de nenhum outro além dele próprio. Esse ser necessário é Deus. A conclusão desse argumento é a necessidade lógica da admissão de um ser que sempre existiu, um ser absoluto e, por isso, necessário, que não tenha fora de si a causa de sua existência. Deus, como causa primeira, é, portanto, um ser necessário. A realidade, tanto natural quanto humana, é contingência que dele deriva.

4.3.3.4 A quarta via – Dos graus de perfeição

Cada coisa que existe apresenta características próprias e definidoras de si. Seus atributos, sua constituição e sua identidade a colocam em graus diferenciados de complexidade, desenvolvimento e perfeição. Assim, a quarta via diz respeito à

> *gradação que se pode encontrar nas coisas. É um fato que nas coisas se encontra o bem, o verdadeiro, o nobre e outras perfeições em grau maior ou menor. Mas o grau maior ou menor se atribui às diversas coisas conforme elas se aproximam mais ou menos a algo de sumo e absoluto; assim, mais quente é aquilo que mais se aproxima do sumamente quente. Dessa forma, existe algo que é verdadeiro, nobre e bom em grau máximo e, consequentemente, algo que, em grau máximo, é ser, já que o que*

é máximo, na verdade, é máximo também no ser, conforme diz Aristóteles. Ora, o que é máximo em cada gênero é a causa de todos os que pertencem àquele gênero: por exemplo, o fogo, que é máximo no calor, é causa de todas as coisas quentes, conforme diz também Aristóteles. Por isso, deve haver algo que para todos os entes é a causa de seu ser, de sua bondade e de toda outra perfeição. E a isso chamamos Deus. (Aquino, citado por Reale; Antiseri, 2003, p. 225)

Por isso, é possível ao homem examinar todas as coisas e avaliar seus valores, suas funções, sua utilidade, compará-la, evidenciar sua beleza, sua serventia e utilidade, suas formas de ser e existir. É o que vimos quando estudamos a metafísica tomística, utilizando como exemplo a diferença entre uma pedra e uma planta. A planta é mais complexa e desenvolvida que a pedra, portanto apresenta um grau mais elevado de perfeição. Entre o homem e um animal qualquer também existe uma grande diferença, com graus de perfeição diferenciados, sendo o homem, por sua capacidade e inteligência, um ser que, presume-se, seja mais desenvolvido, em termos de complexidade e perfeição. Contudo, o homem não possui o grau máximo de perfeição.

Como já vimos neste capítulo, nessa lógica, Santo Tomás de Aquino entende que deve existir um ser que possui em si o grau máximo da qualidade da perfeição, um ser que reúne em si o máximo de bondade, beleza e unidade. Esse ser é Deus.

4.3.3.5 A quinta via – Da finalidade do ser

Em um certo sentido, a ideia de uma teleologia intrínseca à realidade, portanto um finalismo do mundo, estabelece relação funcional entre todas as coisas. Santo Tomás de Aquino retoma exatamente o argumento aristotélico. Tudo o que existe possui um fim. Então, qual seria a finalidade do mundo e do homem? Na sua quinta prova, Santo Tomás de Aquino responde que existe uma inteligência que dirige e orienta o Universo. Seria a percepção de que algumas coisas que

> *carecem de conhecimento, como os corpos naturais, agem em função de um fim. E isso é evidente pelo fato de que sempre ou quase sempre agem do mesmo modo, para obter a perfeição. Portanto, está claro que não alcançam seu fim por acaso, mas por uma predisposição. Ora, tudo o que não tem inteligência não tende ao fim, a menos que seja dirigido por algum ente dotado de conhecimento e inteligência, como a flecha lançada pelo arqueiro. Por isso, existe algum ser inteligente que dirige todas as coisas naturais para seu fim. E esse ser nós chamamos Deus.* (Aquino, citado por Reale; Antiseri, 2003, p. 226)

No argumento da finalidade, retomamos a ideia, aceita contemporaneamente, de que o Universo apresenta uma ordem, algo que denota inteligência. Fala-se em *design* inteligente. Essa teoria é atribuída a Phillip E. Johnson, professor aposentado da Universidade da Califórnia em Berkeley, que se popularizou como autor ao tentar conciliar a teoria da evolução e o criacionismo. Trata-se de algo que não é aceito, sendo pouco aprovado na comunidade científica, sempre muito cética e reticente em relação a se admitir a existência de Deus e da associação do Universo como sua criação.

Seja como for, os argumentos de Santo Tomás de Aquino fazem parte do grande empreendimento da escolástica, da qual ele é um dos maiores representantes, em justificar a fé cristã e convencer os céticos de que aceitar as verdades reveladas faz sentido.

A seguir, na Figura 4.7, organizamos um esquema na tentativa de tornar ainda mais prático o entendimento das cinco provas da existência de Deus, segundo Santo Tomás de Aquino.

Figura 4.7 – As cinco vias para Deus, de Santo Tomás de Aquino

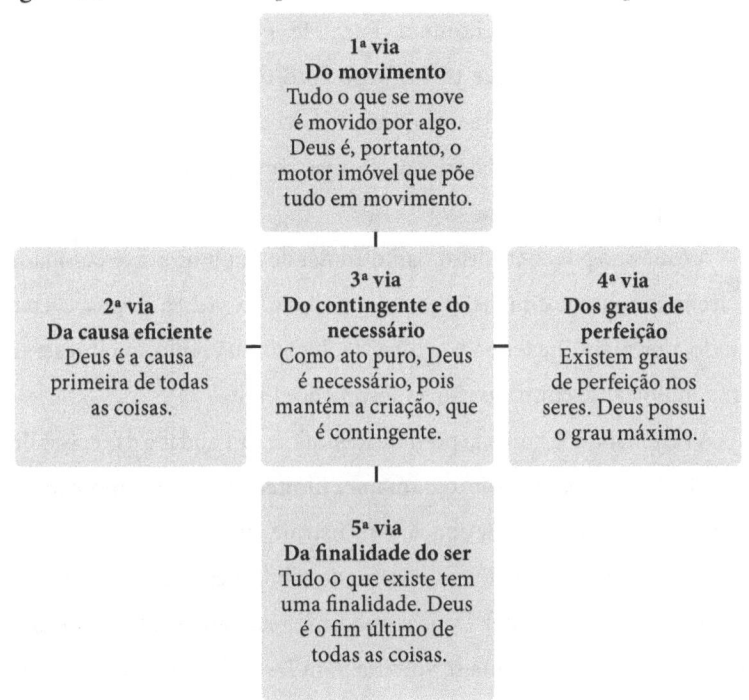

**1ª via
Do movimento**
Tudo o que se move é movido por algo. Deus é, portanto, o motor imóvel que põe tudo em movimento.

**2ª via
Da causa eficiente**
Deus é a causa primeira de todas as coisas.

**3ª via
Do contingente e do necessário**
Como ato puro, Deus é necessário, pois mantém a criação, que é contingente.

**4ª via
Dos graus de perfeição**
Existem graus de perfeição nos seres. Deus possui o grau máximo.

**5ª via
Da finalidade do ser**
Tudo o que existe tem uma finalidade. Deus é o fim último de todas as coisas.

4.3.4 O jusnaturalismo tomista

Entre as censuras que a obra de Santo Tomás de Aquino recebeu, ainda enquanto ele estava vivo, encontra-se sua defesa em favor da liberdade e da dignidade humanas contra a opressão e a tirania. Afinal, trata-se de uma dignidade tributária da filiação divina do homem. O pensamento tomista difere da posição agostiniana de conotação um tanto quanto conformista em relação à ordem do mundo.

O **jusnaturalismo** é uma doutrina que busca deduzir o direito positivo das leis naturais em relação ao homem. Em Santo Tomás de Aquino, o direito é derivado da lei eterna presente na criação divina, o Cristo, a palavra de Deus encarnada, e na condição humana. Esses princípios devem ser levados em conta para a racionalidade jurídica ser coerente e eficaz.

Santo Tomás de Aquino, seguindo a inspiração aristotélica, advoga a favor dos direitos do homem. Para ele, é legítima a insurreição contra um soberano que trai o propósito de garantir a paz social e o bem comum. Trata-se, porém, de um ensinamento visto com preocupação pelo magistério da Igreja, conservador e tradicional por sua própria natureza.

Até mesmo por conta disso, Santo Tomás de Aquino viu a necessidade de refletir sobre a dimensão social e política da vida humana. Desse modo, por mais que tenha um olhar teológico, sua reflexão representa uma importante contribuição à filosofia do direito.

A racionalidade humana permite identificar a finalidade das coisas do mundo. Contudo, a condição humana é limitada por sua compreensão. Assim, o homem precisa se educar e se instruir, cultivar seu espírito para adquirir um conhecimento mais profundo sobre as coisas. Essa limitação não lhe permite perceber Deus como uma realidade evidente. Se isso ocorresse, a razão humana se voltaria para Deus. Em sua humanidade, o coração humano está sujeito a grandes equívocos, porém tem um grande potencial para o bem e para a justiça.

Buscando informar e orientar a ação dos homens no mundo de modo a se conformarem com a retidão, o bem e a justiça, Santo Tomás de Aquino oferece uma explicação para a hierarquia das leis. Primeiramente, existe a *lex aeterna* (lei eterna), a presença do *logos* divino que ordenou o cosmos. A observação da natureza, de seus processos e de seu funcionamento permite ao homem compreender em parte essa ordem e vislumbrar os princípios criados por Deus e que regem o Universo.

Em seguida, vem a *lex naturalis* (lei natural), que é uma derivação da *lex aeterna*. A lei natural está expressa no equilíbrio natural das coisas, na intuição de que é preciso buscar o bem e evitar o mal. A lei natural funciona como um guia a mostrar os limites das coisas, do corpo humano, do espaço, do uso da natureza, dos frutos da terra e até do espaço físico. Ela exige uma conformidade do homem com os ritmos da terra. Romper a ligação do homem com a terra e com a natureza pode acarretar sérios problemas, e quase sempre o faz incorrer em pecado, para retomar a linguagem tomista.

A *lex humana* (lei humana) representa a lei escrita, os diferentes tipos e formas de ordenamento jurídico que deveriam estar coerentemente ancorados nessa hierarquia. A lei escrita, o direito positivo, portanto, precisa ser a expressão objetivada dessa razão.

Atentos a esses princípios, os homens podem organizar a sociedade de modo a proibir o homicídio, o roubo e o estupro. Havendo, no entanto, a conduta homicida, ou, de modo geral, o descumprimento das leis, a sociedade pode reagir de modo a restaurar o equilíbrio social. Não pode haver contradição nem descompasso na relação entre as leis das diferentes esferas. Uma lei humana precisa estar em consonância com a lei natural, caso contrário não seria legítima, nem o povo precisaria cumpri-la.

Pairando acima de todas essas esferas de leis que abordamos, figura a *lex divina* (lei divina) – uma lei que assume a forma humana revelada pelo Verbo divino, na pessoa de Cristo e em seu evangelho. A superioridade dessa lei reside no fato de que Deus revela em linguagem humana sua vontade em relação aos destinos do homem e do mundo.

Para facilitar ainda mais o entendimento da hierarquia das leis segundo Santo Tomás de Aquino, a Figura 4.8 apresenta um esquema prático que expõe cada lei dentro de um sistema lógico.

A contribuição de Santo Tomás de Aquino não se limitou ao campo da filosofia e da teologia, pois suas ideias políticas foram bem avançadas para sua época. Embora buscasse fundamentar sua teoria do direito numa concepção teológica, o jusnaturalismo tomista apontava para um ideal de direito e justiça que contemplava a dignidade humana e previa até mesmo a insurreição contra tiranos.

Figura 4.8 – Representação da hierarquia das leis para Santo Tomás de Aquino

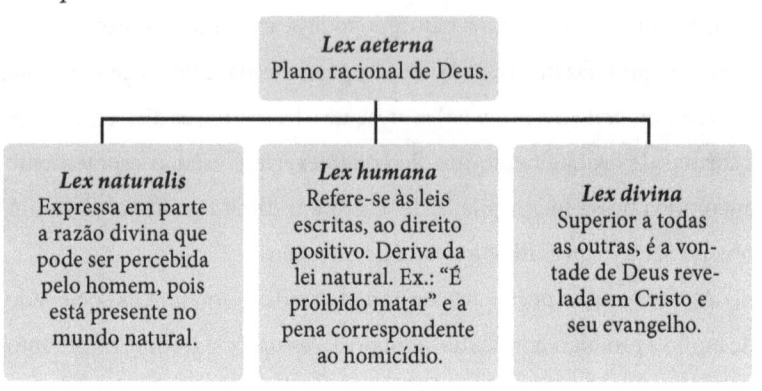

```
                    Lex aeterna
                Plano racional de Deus.
    ┌───────────────────┼───────────────────┐
Lex naturalis      Lex humana            Lex divina
Expressa em parte  Refere-se às leis     Superior a todas
a razão divina que escritas, ao direito  as outras, é a von-
pode ser percebida positivo. Deriva da   tade de Deus reve-
pelo homem, pois   lei natural. Ex.: "É  lada em Cristo e
está presente no   proibido matar" e a   seu evangelho.
mundo natural.     pena correspondente
                   ao homicídio.
```

O pensamento filosófico e teológico de Santo Tomás de Aquino atualiza sobre bases aristotélicas a relação entre o conhecimento religioso que brota da fé e da crença nas verdades reveladas e os conhecimentos da razão, adquiridos *a priori* mediante análise e reflexão. A obra de Santo Tomás de Aquino representa o esforço de um intelectual que abraçou a fé, mas não aceitou abrir mão de sua autonomia e independência intelectual.

Os que iniciam na vida acadêmica dificilmente vão buscar nos ensinamentos religiosos ou na Bíblia informações sobre a origem do mundo e a existência de Deus. Atualmente, teorias que envolvam o *Big Bang* ou atualizem a teoria evolucionista de Darwin costumam ter mais aceitação que a metafísica tomista. Contudo, o que aprendemos com Santo Tomás de Aquino nos faz ver o quanto a filosofia pode ser uma importante ferramenta na busca de respostas para as questões mais fundamentais do homem: De onde viemos? Para onde vamos? Existe algo depois da morte? O mundo foi criado ou sempre existiu? Existe algum sentido maior na vida?

Enfim, se alguém se aventurar por essas questões, aprenderá com Tomás de Aquino que é necessário pensar com rigor lógico, considerar os argumentos de modo criterioso e estar atento à coerência interna dos raciocínios ou de suas contradições.

4.4
Guilherme de Ockham e a crise da escolástica

A *crise da* escolástica tem como contexto os séculos XIII e XIV e fatos importantes, como a Guerra dos Cem Anos, entre a França e a Inglaterra, com graves custos para toda a Europa.

No campo social e econômico, o capitalismo tomava forma e ia se fortalecendo. Ocorreram, ainda, constantes revoltas camponesas e a peste negra, que matou mais de um terço da população, o que levou a graves problemas. Vemos, assim, um conjunto de fatores que iriam precipitar o fim do mundo medieval.

Somando-se a esses acontecimentos, houve a separação do catolicismo entre o oriental e o ocidental, fato que reduziu a influência política da Igreja nas questões de Estado. Nesse período, ocorreu também o surgimento de novas universidades, e, no campo científico, o empirismo, como abordagem epistemológica, ganhou força, propagando-se em diversas áreas, fazendo florescer a ciência.

Figura 4.9 – Guilherme de Ockham

André Müller

Guilherme de Ockham (1285-1347) foi o precursor do empirismo inglês. Ele argumentava que é necessário aceitar a lógica como guia da cognição humana e que a realidade é pura contingência e particularidade. Assim, nosso conhecimento do mundo precisa sempre ser auxiliado pela observação e pela experiência.

Nesse panorama de derrocada do tomismo, surgiu um contexto favorável para que mais tarde se desenvolvesse o Renascimento, um movimento de progresso em diferentes áreas – arte, literatura, filosofia, política, ciência e tecnologia. Podemos perceber que são fatores que, juntos, formaram um novo contexto cultural do qual emergiu, dois séculos mais tarde, a modernidade, demarcando definitivamente o fim da Era Medieval.

> O **humanismo** se tornaria não só uma perspectiva, mas, mais que isso, um conceito-chave que, entre os séculos XIV e XVI, forneceu as bases para o renascimento da cultura europeia. Trata-se de um conjunto de crenças e valores que coloca o homem no centro do mundo, afirmando seu potencial e suas capacidades.

No bojo dessas mudanças, a crítica ao tomismo caminhava em duas direções. De um lado, havia uma cultura renascentista emergente, que supervalorizava o **humanismo**, a imanência, a dúvida, a crítica e o ceticismo em relação às crenças religiosas. De outro, surgia o movimento franciscano, de busca e retorno à vida mística, voltando-se à doutrina agostiniana.

São Boaventura, que foi canonizado em 14 de abril de 1482 pelo Papa Sisto IV e que foi considerado um dos maiores teólogos desse período, via na independência da filosofia uma ameaça à teologia católica. Ele entendia que o tomismo tinha contribuído, ainda que involuntariamente, nesse sentido. Seu temor era que a nascente cultura de racionalidade se radicalizasse, ameaçando a fé e as crenças fundamentais da doutrina cristã.

Em uma guinada agostiniana, São Boaventura também acreditava que seria possível a harmonia entre a fé e a razão pela aceitação de que Cristo é o mestre maior e de que a inteligência humana, quando aceita essa verdade, pode perscrutar o sentido da criação e da vida humanas. O objetivo desse processo seria uma união mística com Deus.

Foi nesse contexto um tanto conturbado que foi ganhando notoriedade outro franciscano, Guilherme de Ockham. Nascido numa pequena cidade chamada Surrey, em 1280, Ockham entrou bem jovem na Ordem Franciscana. Foi educador em Paris e estudou em Oxford, onde finalizou seus estudos acadêmicos. Sua postura crítica e independente fez com que se indispusesse com o papado. Em seus comentários ao *Livro das sentenças*, de Pedro Lombardo, Ockham foi acusado de heresia e teve de se explicar em Avignon, na França, onde ficava a residência do papa e a sede da Igreja na época.

Nessa obra, seguindo o espírito franciscano, Ockham critica os excessos mundanos da Igreja e defende a separação entre o poder eclesiástico e espiritual do papa e o poder político do imperador (Ockham, 2002). As crescentes tensões entre a Igreja e o Estado iriam potencializar a Reforma Protestante dois séculos depois.

Para Guilherme de Ockham, os poderes políticos e religiosos desenvolveram estruturas sociais que atuavam como sensores e doutrinadores, impondo aos indivíduos e a toda a sociedade doutrinas e ensinamentos sobre como deveriam guiar sua vida e fazer suas escolhas. A preocupação de Ockham era, então, restituir a liberdade humana. Para ele, o sentido da graça e do amor divinos para com os homens só tem significado se as pessoas podem escolher a Deus.

Assim, o sentido da ética cristã seria permitir ao homem aderir livremente ao projeto de salvação. Ou seja, o cotidiano da vida e a individualidade de cada um surgem como horizonte existencial do cristão. Nesse contexto, é no concreto da vida, avaliando cada situação em particular, e não guiado por uma metafísica universalista, que o cristão é chamado a refletir e escolher.

O valor da moralidade cristã é reconhecido por Ockham justamente por ser fiel ao projeto evangélico de Jesus entendido como um convite universal aos homens para escolher – inclusive arcando com todas as consequências – o reino dos céus. Isso se traduz numa nova sociedade, cuja construção começa na vida de cada um, no cotidiano do mundo social, no modo como cada discípulo dá testemunho de sua fé por meio de atitudes, pelo comportamento em defesa da vida e da justiça, do amor e do perdão.

Ockham teve influência na lógica, na metafísica e na teoria política, ficando muito conhecido por seu envolvimento na querela dos universais. Essa discussão passou por Boécio, autor que já apresentamos anteriormente. Trata-se do seguinte: Boécio interrogou se a natureza dos conceitos gerais, referindo-se, por exemplo, à humanidade, ao espírito, ao bem, ao mal e à beleza, é algo real, que existe separado do mundo, ou é algo pertencente aos seres individuais, ou, ainda, se e somente uma entidade mental, construto abstrato a representar a realidade que nos cerca.

Essa temática ocupou boa parte da agenda filosófica em todos os períodos. Para responder ao problema, há possivelmente quatro vias, a saber:

1. Platão e seus seguidores defendem o **realismo das ideias**, ou realismo platônico, o que significa dizer que as ideias ou conceitos não são somente palavras, mas entidades com existência própria, autônomas no mundo inteligível.
2. Na perspectiva aristotélica, existe o **realismo imanente**, isto é, as coisas, os objetos, ou, numa terminologia tomista, os entes, possuem uma substância individual que pode ser conhecida em sentido geral quando os entes pertencem a uma espécie, à humanidade, ao indivíduo, nos quais o particular contém o geral.
3. No **conceitualismo**, atribuído a Pedro Abelardo, que viveu entre os anos de 1079 a 1142, os universais são apenas conceitos, predicativos que usamos para caracterizar um objeto, não sendo, portanto, entidades ou essências. Utilizamos os conceitos para nomear objetos que apresentam semelhanças entre si. "Os universais são só palavras e nada mais" (Abelardo, 1973, p. 37).
4. Existe, ainda, o **nominalismo**, adotado por Guilherme de Ockham e que veremos a partir de agora.

O nominalismo foi uma posição originada na discussão de Porfírio em seu livro *Isagoge* e posteriormente retomada por Roscelino, filósofo e teólogo medieval que nasceu na França em 1050 e veio a se tornar professor na cidade de Rennes, na Bretanha, região oeste da França. No sentido de contextualizar sua origem, convém retomar minimamente os argumentos de Roscelino, cuja obra abrangia a filosofia e a teologia, sendo considerado o fundador do nominalismo (Durozoi; Roussel, 1999). Para ele, os universais são apenas palavras, abstrações, representações mentais de caráter individual que construímos a propósito dos objetos e seres que nos cercam. Não seria possível designar o universal das coisas. Ou seja, cada ser ou objeto possui uma individualidade que lhe é intrínseca e irredutível. O conceito, de certa forma, trai a irredutibilidade e a particularidade da realidade quando tenta converter o particular no universal e reduzir os objetos ao seu conceito.

Na visão de Ockham, a radicalização da posição de Roscelino leva à paralisação cognitiva, visto que nenhum conceito teria, a rigor, veracidade ou legitimidade. A consequência seria um estado de suspeição permanente diante do mundo, como, aliás, propuseram os céticos, na filosofia clássica. Assim, Ockham assume uma posição moderada, buscando sofisticar o ponto de vista nominalista, argumentando que o universal representa uma dada qualidade ou característica de um objeto.

De fato, os conceitos só são possíveis por existirem certas semelhanças nos objetos. Nossa linguagem se forma por similitudes que somos capazes de reconhecer entre as coisas, as pessoas e os objetos. O universal, isto é, os conceitos, não são entidades, mas tampouco meras palavras desprovidas de significado, pois representam qualidades, características semelhantes existentes nas coisas, as quais podemos apreender, mesmo que parcialmente, por uma elaboração intelectual (Ockham, 1999).

A posição de Ockham teve grande influência na época, com desdobramentos de suas ideias por entre seus seguidores. De certa forma, Ockham antecipou o debate contemporâneo na filosofia da linguagem e acerca das controvérsias sobre a relação entre linguagem, pensamento e realidade, tratando da relação entre signo, significante e significado.

Um dos argumentos mais famosos de Ockham ficou conhecido como a *navalha de Ockham*, que consiste em ter presente que não se deve multiplicar os entes de um raciocínio sem necessidade, ou *"entia non sunt multiplicanda praeter necessitatem"* (Boehner, 1990, p. 23). Esse princípio indica que nossa análise do real não deve multiplicar a existência de seres, nomes e conceitos (Ockham, 1999).

O princípio de Ockham parte de uma visão empírica da própria natureza, a qual, segundo o autor, é econômica e simples. Para chegar a uma explicação plausível de algum fenômeno, não se deve multiplicar conceitos, mas buscar as ideias mais básicas e organizá-las de modo lógico e coerente. Procedendo-se dessa forma, o raciocínio tem menos chance de errar na compreensão dos fenômenos.

A **ontologia** moderna, inaugurada por Ockham, busca uma economia racional dos conceitos, simplificando a realidade, buscando a correspondência entre termos e fatos, coisas e conceitos, seres e seus predicados mínimos e básicos. Talvez, sem perceber as implicações de suas reflexões, Ockham acabou por definir as fronteiras epistemológicas entre a filosofia e a teologia, anunciando um dos princípios básicos da ciência moderna.

Os princípios lógicos e ontológicos de Ockham também receberam algumas críticas de outros filósofos, como Leibniz. Eles defendem que existe uma multiplicidade de seres na natureza e que o exagero na simplificação dos termos pode deixar de fora aspectos importantes dela.

Com o advento da ciência moderna, o princípio defendido por Ockham veio a fazer parte do método científico. Na formulação dos problemas e no levantamento das hipóteses, as que conservam menos afirmações e variáveis tendem a ser mais facilmente verificadas (Abbagnano, 2007).

> A **ontologia** é um ramo mais específico da metafísica que busca estudar os entes, seus fundamentos e suas características essenciais. Investiga qual é a natureza do ser como ser, de sua generalidade, daquilo que o constitui e que torna possível sua existência e compreensão.

Síntese

Em alguns de seus períodos, a filosofia parece ter um movimento pendular. Isso é algo que podemos perceber na passagem da patrística, com seu forte apelo platônico, para a escolástica, de Santo Tomás de Aquino e seu aristotelismo. Depois, novamente, ocorre um movimento de retorno ao agostinianismo com a filosofia e a teologia de São Boaventura e os franciscanos.

Vimos neste capítulo que o termo *escolástico* é derivado do ensino que era ministrado em escolas. Desse período, o primeiro autor que apresentamos foi João Scoto Erígena, que viveu no século IX, na Irlanda e na França. Esse autor defendia a ideia de que as criaturas não possuem a vida em si mesmas, mas a recebem de Deus. Por isso, a existência humana participa, mas não contém o ser. Ou seja, os homens recebem Deus, o seu ser, como atributo e manifestação de sua existência individual, mas não o possuem, não são autossuficientes. Assim, quando morrem, extinguem-se suas essências. Só Deus possui o ser em si mesmo, sendo, portanto, eterno e bastando a si mesmo.

Outro autor de grande renome foi Santo Anselmo, célebre por sua famosa prova ontológica da existência de Deus. Em resumo, ele diz o seguinte: se um homem, sendo um ser finito, falho e limitado, é capaz de pensar em um ser infinito, perfeito, um ser maior do qualquer outro, é porque a causa desse pensamento deve estar fora desse homem, sendo o próprio Deus essa causa. Isso provaria a existência de Deus.

O período escolástico foi marcado por uma forte influência do pensamento de Aristóteles. Ao longo de toda a escolástica, permaneceu o esforço dos teólogos católicos para harmonizar fé e razão. Os debates ocorridos em torno do quanto de racional existia na formulação das verdades de fé produziram obras monumentais, como a *Suma teológica*, de Santo Tomás de Aquino.

Os argumentos de Santo Tomás de Aquino seguiram na defesa de uma teologia natural sustentada pela metafísica de Aristóteles, principalmente com base em seus conceitos de ato e potência, forma e matéria. Um exemplo é o conceito de transubstanciação, no qual Santo Tomás de Aquino recorre às ideias de substância e acidente para demonstrar racionalmente o milagre que ocorre em cada celebração. Nesses casos, o sacerdote, investido do poder de Cristo, transforma vinho em sangue e pão em carne.

Vimos ainda o quanto as provas da existência de Deus formuladas por Santo Tomás de Aquino, nas suas famosas cinco vias para Deus, podem ser tributárias à metafísica de Aristóteles. Outro aspecto igualmente importante é o modo como Santo Tomás de Aquino organiza as leis e o direito, colocando na base de sua fundamentação a lei eterna e divina manifestada em Cristo e no evangelho.

A crise na escolástica teve no pensamento de Guilherme de Ockham seu ponto de inflexão. A discussão sobre os universais colocou em xeque os conceitos metafísicos, tendo como consequência o estabelecimento de uma distinção entre a filosofia e a teologia. Outra ideia muito conhecida desse autor foi seu princípio de depuração conceitual, que ficou conhecido como *navalha de Ockham*. Nesse princípio, recomenda-se a formulação simples, clara e concisa das ideias. Os conceitos não devem ser multiplicados além do necessário para embasar uma dada explicação.

Indicações culturais

Livros

AGOSTINHO, Santo. **Confissões**. Tradução de J. Oliveira dos Santos e A. Ambrósio de Penha. São Paulo: Nova Cultural, 2000; (Coleção Os Pensadores).

O livro é organizado de modo a tratar das diferentes fases da vida de Santo Agostinho. No seu conjunto, a obra representa um relato descritivo e detalhado de sua vida, desde a infância até a juventude e a vida adulta em meio aos excessos e prazeres. Santo Agostinho mergulha em si mesmo, em suas crises, até sua conversão. O texto mostra a fé de Santo Agostinho em Deus e sua abertura à vida pastoral e espiritual. Ao longo do livro, a narrativa vai ganhando contornos de um tratado de psicologia introspectiva. A tônica principal que perpassa a obra é a relação de Santo Agostinho com Deus, o modo como sua fé vai absorvendo a totalidade de sua vida e acaba por se traduzir num profundo compromisso ético com a liderança de sua Igreja e de sua comunidade.

A conclusão de Santo Agostinho no final da obra é uma confissão de fé inabalável e uma abertura existencial que coloca o sentido de sua vida no repouso em Deus. Ele diz: "Criastes-nos para Vós e o nosso coração vive inquieto enquanto não repousa em Vós" (Agostinho, 2000, p. 37).

Filmes

O POÇO e o pêndulo. Direção: Roger Corman. EUA: Full Moon Entertainment, 1961. 80 min.

O filme explora o clima cultural e espiritual da Idade Média, a vida monacal de um monge e o quanto a espiritualidade vivida de modo repressivo pode ser nociva ao bem-estar do indivíduo. Os votos religiosos vividos como imposição engendram aspectos dissociativos da personalidade do monge. Ao ter de lidar com seus instintos e desejos, ele acaba desenvolvendo uma psicopatia agressiva e violenta. O filme possibilita pensar o quanto o contexto espiritual medieval pode ter perturbado a mente e o comportamento social de muitos homens e mulheres, religiosos e leigos, daquela época.

Séries

AS BRUMAS de Avalon. Direção: Uli Edel. República Tcheca, Alemanha, EUA: Warner Home Vídeo, 2001. 183 min.

A série em três episódios é uma adaptação do *best seller* de Marion Zimmer Bradley. A narrativa do filme impressiona pelo roteiro e pela fotografia que reconstituíram o contexto da época do lendário personagem do Rei Arthur. A inovação é a história ser contada do ponto de vista feminino, sob a ótica das feiticeiras Viviane (Anjelica Huston), Morgana (Julianna Margulies) e Morgause (Joan Allen). Em meio a uma atmosfera de magia e disputas políticas, a história mostra os conflitos envolvendo romanos e bretões, além de assinalar as tensões entre católicos e pagãos.

Atividades de autoavaliação

1. A escolástica representou o esforço de harmonização entre a fé e a razão, entre a teologia cristã, os escritos bíblicos e a filosofia grega. Assinale a alternativa que melhor define as características da escolástica:
    a) Conhecimento racional da mensagem evangélica, interlocução com a obra de Aristóteles, desenvolvimento de uma teologia natural em Santo Tomás de Aquino.
    b) Diferenciação e autonomia da teologia em relação à filosofia, diálogo intenso com Plotino e a tradição mística.

c) Aproximação entre a fé e a razão, com valorização da racionalidade para conhecer a vontade divina, sintetizada no lema *Creio para compreender*.

d) Assimilação pela Igreja Católica, que a tornou sua filosofia oficial, fazendo com que, desde o início de sua vida, Santo Tomás de Aquino fosse reconhecido como um grande doutrinador cristão.

2. Em relação aos temas e problemas da filosofia medieval, analise as assertivas a seguir e assinale V para as verdadeiras e F para as falsas:

   ( ) O argumento de Santo Anselmo sobre a existência de Deus pressupõe a passagem do plano lógico para o plano ontológico.

   ( ) A questão dos universais, apontada por João Scoto Erígena, mostra os limites de nossa linguagem em captar a essência das coisas. Conceitos gerais são só palavras, não possuem correspondentes empíricos.

   ( ) Considerando a questão dos universais, podemos afirmar que os conceitos são mais reais que as próprias coisas que eles designam.

   ( ) De certa forma, a discussão sobre os universais não deixa de ser uma antecipação da discussão de que se ocupa a filosofia da linguagem.

   Agora, indique qual alternativa corresponde corretamente à sequência obtida:
   a) V, F, F, V.
   b) V, V, F, V.
   c) F, F, F, V.
   d) V, F, V, F.

3. Assinale a alternativa que melhor representa a concepção metafísica de Santo Tomás de Aquino:
   a) Todos os entes participam do ser, mas só Deus possui o ser em plenitude. No homem, o ser se manifesta racionalmente e remete a Deus como causa eficiente e final da existência humana.
   b) O ser que habita o mundo forma uma unidade entre todas as coisas. O mundo e Deus compartilham do mesmo ser, sendo coeternos.
   c) A substância humana se manifesta individualmente em cada pessoa, embora exista uma essência comum, a humanidade, ou seja, João, Pedro e Fernanda possuem uma substância individual que os torna únicos. Substância e essência são conceitos equivalentes.
   d) Deus cria o mundo, mas não participa de sua criação, o que está em concordância com Aristóteles sobre a ideia do motor imóvel.

4. Considere as afirmações que tratam das provas da existência de Deus e assinale V para as verdadeiras e F para as falsas:
   ( ) Deus é uma realidade incompreensível em qualquer plano, e qualquer inteligência pode perceber essa verdade.
   ( ) Se existe ordem, existe um ordenador; se o mundo é um relógio, deve haver um relojoeiro. Isso resume as cinco provas da existência de Deus.
   ( ) O movimento, a causalidade, os graus de perfeição e o sentido telúrico do mundo indicam a existência de Deus.
   ( ) Na ótica tomista, a existência de Deus é um pressuposto lógico, sem o qual todo o resto carece de sentido e significado.

Agora, indique a alternativa correta de acordo com a sequência obtida:

a) V, V, F, V.
b) V, V, V, V.
c) F, F, V, V.
d) F, F, F, V.

5. A navalha de Ockham veio a ser incorporada como um princípio de investigação muito presente em que tipo de conhecimento?
a) Científico.
b) Místico e teológico.
c) Literário.
d) Filosófico.

Atividades de aprendizagem

Questões para reflexão

Leia o texto e, depois, responda às questões propostas:

O problema que envolveu as relações entre pensamento e realidade e linguagem e objeto ocupou boa parte da agenda filosófica em todos os períodos, existindo possivelmente quatro vias para responder a ele. Platão e os platônicos defendem o **realismo das ideias,** ou realismo platônico, que significa dizer que as ideias ou conceitos não são somente palavras, mas entidades com existência própria, autônomas no mundo inteligível. Na perspectiva aristotélica, existe o **realismo imanente**, isto é, as coisas, os objetos, ou, numa terminologia tomista, os entes, possuem uma substância individual que pode ser conhecida em sentido geral quando os entes pertencem a uma espécie, à humanidade, ao indivíduo, nos quais o particular contém o geral. No **conceitualismo,** atribuído a

Pedro Abelardo, os universais são apenas conceitos, predicativos que usamos para caracterizar um objeto, não sendo, portanto, entidades ou essências. Utilizamos os conceitos para nomear objetos que apresentem semelhanças entre si.

1. De que modo a discussão sobre os universais ajuda a compreender a relação entre conceito e objeto?
2. Considerando-se a teologia católica e os ensinamentos de Santo Tomás de Aquino, qual das abordagens apresentadas anteriormente mantém afinidade com a metafísica cristã?
3. Com base neste livro e fazendo também uma pesquisa em outras fontes, que concepção de *verdade* emerge da filosofia medieval?

Atividade aplicada: prática

Assista ao documentário *Além do cosmos – mecânica quântica* e elabore uma reflexão pessoal em relação à existência ou não de Deus.

MECÂNICA quântica. **Além do cosmos**. Portugal: National Geographic Channel, 30 abr. 2012. Programa de televisão. Disponível em: <https://www.youtube.com/watch?v=c1AKzIncvwk>. Acesso em: 15 fev. 2016.

"A vida é apenas uma visão momentânea das maravilhas deste assombroso universo, e é triste que tantos se desgastem sonhando com fantasias espirituais" (Sagan, 2016).

"A História está repleta de pessoas que, como resultado do medo, ou por ignorância, ou por cobiça de poder, destruíram conhecimentos de imensurável valor que em verdade pertenciam a todos nós. Nós não devemos deixar isso acontecer de novo" (Sagan, 2016).

5
A filosofia árabe e sua contribuição para a cultura ocidental

Em todo o seu esplendor, majestade e beleza que conhece de si mesmo, o primeiro existente experimenta, por essa razão, o maior e o mais profundo prazer. Conhecemos essas qualidades somente por analogia e por uma apreensão ínfima quando experimentamos, por exemplo, a apreensão da beleza e do prazer. Mas nossa experiência é muito pequena perto do esplendor do primeiro existente. Aliás, como poderia haver uma relação de igualdade entre o que é uma parte ínfima e o que é sem limite no tempo ou fora do tempo? Entre o que é tão imperfeito e o que é a extrema perfeição? Ora, aquele que tem prazer por si mesmo se alegra, se ama e se torna apaixonado de si mesmo. Assim, o primeiro existente se ama, se quer e se maravilha de si de uma maneira correspondente à sua grandeza, do modo mais excelente. No existente primeiro, o ato e o objeto de seu amor são o mesmo, o ato de seu maravilhamento é o próprio objeto de sua admiração e o ato e o objeto de seu prazer convergem. Nele coincidem o amor, o amante e o amado.

Attie Filho

Neste capítulo, faremos uma introdução sobre a cultura árabe e o islamismo. Mas, antes de iniciarmos a apresentação de seus dois autores mais conhecidos, Avicena e Averróis, convém tratarmos brevemente da cultura religiosa islâmica. Veremos que foi com base nela que esses autores dialogaram com Aristóteles, num esforço teórico semelhante ao dos pensadores cristãos de harmonizar a fé e a razão pela ótica do islã.

Figura 5.1 – A Caaba

A Caaba, que significa "cubo", é uma construção em forma desse sólido que fica no pátio central da principal mesquita de Al Masjid Al-Haram, na cidade de Meca. É o local mais sagrado da fé islâmica. Segundo a crença muçulmana, a construção teria sido feita por Abraão e abriga no seu interior a Hajar el Aswad (Pedra Negra), uma relíquia sagrada com 50 cm de diâmetro que anteriormente era branca, mas com o passar do tempo, por conta dos pecados dos homens, ficou escura.

5.1
A civilização árabe na Alta Idade Média

A *Alta Idade* Média corresponde ao período do ano de 476 ao ano 1000, quando a Europa foi invadida por seus dois flancos: ao norte, pelos bárbaros e ao sul, pelos árabes. O fechamento do Mar Mediterrâneo pelos invasores fez cessar as rotas comerciais, intensificando o processo, que já estava em curso, de ruralização da economia europeia.

O movimento de expansão e conquista do Império Muçulmano só teve início após a morte de Maomé, em 632. Até então, os povos árabes eram formados por diferentes tribos e liderados pelos xeques (*sheiks*) e durante as guerras, pelo emir, equivalente a um general. O conjunto dessas tribos era politeísta, com cultos a diferentes divindades.

Em Meca, a organização burocrática em torno do sagrado assumia proporções de um grande negócio, recebendo milhares de peregrinos que iam prestar culto aos seus ídolos. Além de pagar as taxas para a realização das oferendas, aproveitava-se para intensificar o comércio nas feiras da região. No centro da cidade ficava o principal local de adoração, a Caaba, vista na Figura 5.1, um santuário no qual eram cultuados mais de 300 ídolos.

Após a tomada de Meca por Maomé e por seu exército em 630, os deuses pagãos foram repudiados e o profeta erigiu um altar proclamando Alá como único e verdadeiro Deus. Maomé morreu em 632, deixando um legado que mudaria a face da Europa. Foi então que o território árabe, formado de áreas desérticas, concentrou a ocupação humana próximo ao mar e aos oásis, áreas com água e vegetação no deserto. Esse fato pode ser observado na Figura 5.2.

Figura 5.2 – Mapa da expansão do domínio islâmico

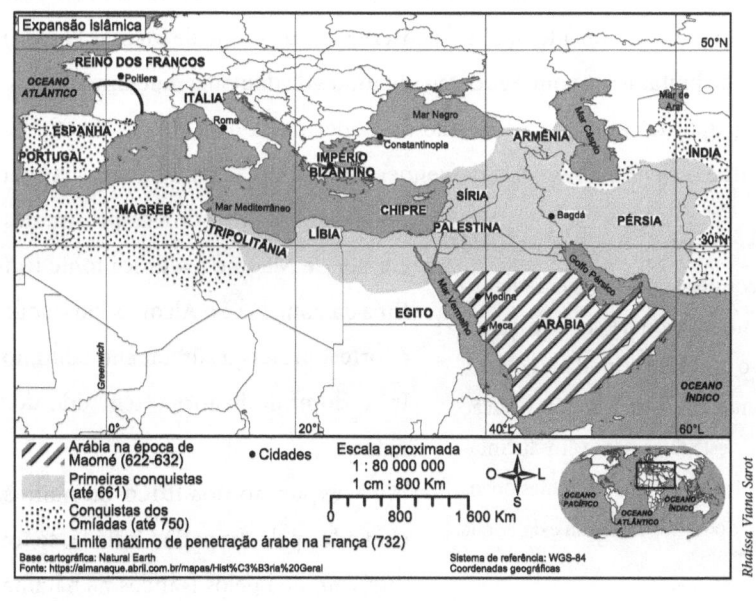

Com a instituição do islã, ocorreu a unificação política e religiosa dos povos do deserto. Foi formado o grande Império, sob a liderança dos turco-otomanos, varrendo a Europa, conquistando e convertendo pelo fio da espada milhares de novos adeptos para a nova religião.

O livro sagrado da nova fé, o Alcorão, que significa "recitação", "declamação", pode ser descrito como um código religioso, moral e político que visa a orientar a vida do fiel muçulmano em diferentes aspectos da vida. Para a fé islâmica, o texto sagrado é a palavra divina ditada pelo anjo Gabriel, revelando a vontade de Deus e instituindo Maomé como seu profeta. O credo da religião islâmica inclui alguns costumes: orar voltando-se à direção de Meca cinco vezes por dia; ir a Meca pelo menos uma vez ao longo da vida; praticar o jejum no mês sagrado do Ramadã, que é o nono mês do calendário islâmico, tempo em que o profeta recebeu a revelação de Alá; orar na mesquita nas sextas-feiras.

Com a morte de Maomé, formaram-se dois grandes grupos predominantes dentro do islã, os sunitas e os xiitas. Os sunitas têm o nome derivado da consideração e da observância do diário de Maomé (*sunna*), que juntamente com o Alcorão são fontes da doutrina muçulmana. Esse grupo defende que a sucessão do poder passa pela eleição dos fiéis e que o eleito não precisa descender de Maomé. Já para os xiitas o líder religioso e político do islã precisa descender de Maomé e a única fonte legítima da doutrina é o Alcorão. No Iraque, é forte a presença sunita, enquanto no Irã o domínio histórico tem sido dos xiitas.

A expansão dos turco-otomanos, chefiados pela **dinastia** Omíada, só foi interrompida pelos francos na batalha

> **Dinastia** refere-se à transmissão do poder com base na linhagem, dentro de uma mesma família, sendo o laço de sangue o que dá legitimidade ao novo governante. Essa forma de conservação do poder esteve presente em distintas épocas históricas e em diferentes povos, como os do Egito, da China e da Pérsia.

de Poiters, ou próximo de Tours, no ano de 732. À frente do exército franco estava Carlos Martel, que recebeu esse apelido em função de sua arma predileta, o martelo de guerra. Não tivesse ocorrido o bloqueio da ofensiva islâmica, toda a Europa Ocidental poderia ter sido conquistada, provavelmente com um desfecho incerto para a cristandade (Le Goff, 1983).

Mais tarde, já no início do século XII, em virtude das Cruzadas, houve um redesenho da geopolítica europeia. Nesse período, muitos territórios que estavam ocupados pelos muçulmanos foram retomados pelos cristãos.

Atualmente, o islamismo é uma das maiores religiões em número de adeptos no mundo. Em 2010, foi registrada a existência de cerca de 1,6 bilhão de pessoas seguidoras da fé muçulmana, o que representa quase 24% da população do planeta (Rodrigues; Ramos, 2014).

Figura 5.3 – Resumo esquemático do islamismo

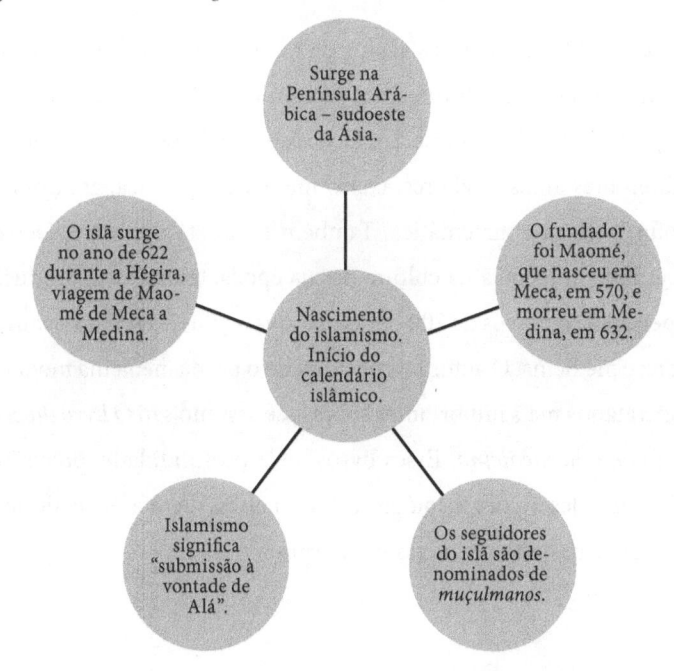

- Surge na Península Arábica – sudoeste da Ásia.
- O islã surge no ano de 622 durante a Hégira, viagem de Maomé de Meca a Medina.
- O fundador foi Maomé, que nasceu em Meca, em 570, e morreu em Medina, em 632.
- Nascimento do islamismo. Início do calendário islâmico.
- Islamismo significa "submissão à vontade de Alá".
- Os seguidores do islã são denominados de *muçulmanos*.

> ## A filosofia árabe
>
> Diz-se que esse conhecimento existiu antigamente entre os caldeus, o povo do Iraque, chegando até o Egito e, de lá, transmitido aos gregos que o mantiveram até que fosse transmitido aos sírios e, destes, aos árabes. Tudo o que se inclui nessa ciência foi exposto em língua grega, depois em siríaco e, finalmente em árabe. Os gregos chamaram-na a ciência das ciências, a mãe das ciências, a sabedoria das sabedorias e a arte das artes. Quem a adquiriu chamaram-no *filósofo*, querendo dizer aquele que ama a mais alta sabedoria.
>
> Al-Farabi (século X)

Fonte: Al-Farabi, 2016.

5.2
Avicena (Ibn Sina)

Considerado um dos maiores sábios da cultura medieval, Avicena, ou Ibn Sina, como ficou conhecido, nasceu em 980 em Bucara (atual Uzbequistão), de origem persa. Destacou-se como filósofo, sendo versado em diferentes áreas e saberes, como medicina, química, astronomia, filosofia, política e matemática. Também foi poeta e místico. Deixou uma grande influência na cultura de sua época, tendo vasta produção compendiada em mais de 200 obras, das quais mais de 100 tratavam de filosofia e medicina. O autor foi considerado o pai da medicina moderna e seus tratados mais importantes sobre esse assunto são *O livro da cura* e o *Cânone da medicina*. Esses livros, pela profundidade, precisão e detalhes nas descrições fisiológicas, foram obras de referência durante muitos anos nas universidades medievais.

Avicena viveu num período de apogeu da cultura árabe islâmica e ele próprio se tornou um autor fundamental desse período. Nessa época, os estudos sobre os textos clássicos dos pensadores greco-romanos tinham se tornado uma atividade frequente nas academias, o que contribuiu para o florescimento da filosofia.

Em seus escritos, Avicena buscou uma síntese entre o pensamento de Platão e o de Aristóteles, o que lhe valeu muitas críticas, principalmente de seu adversário teórico, Averróis, que considerava o antagonismo entre os dois gênios da filosofia antiga insuperável.

Avicena desenvolveu uma curiosa cosmologia, com alguns paralelos com a de Aristóteles. Por ela, entendemos que existem três realidades: o mundo físico e material, o cosmos e Deus.

Figura 5.4 – Avicena

Abu Ali Al Hussain Ibn Abdallah (980--1037), também conhecido como Ibn Sina, teve seu nome latinizado para Avicena. Ele morreu com 57 anos e deixou uma vasta obra filosófica e literária. Aos 17 anos, já era considerado um médico notável. Após conseguir curar o rei de Bucara de uma moléstia misteriosa, foi recompensado com livre acesso a sua biblioteca.

O mundo físico e material teria no homem a expressão mais acabada e evoluída, possuindo este inteligência e alma imortal. O cosmos seria formado pelo mundo celestial, sendo sua origem o motor imóvel. Por fim, Deus representaria em si todo o bem e toda a unidade.

Nesse contexto, o homem é fruto do progresso material do mundo. É o universo que pensa, anda, fala e ama. Sua racionalidade expressa uma consciência pura e intencional. Assim, a inteligência humana apresenta gradações e se desenvolve de modo construtivo e evolutivo.

Ou seja, como afirma Avicena (citado por Gilson, 2002), existem alguns tipos de inteligência:
- a inteligência possível, que representa as capacidades mais básicas das operações mentais: a sensação, a observação e a percepção;
- a inteligência em ato ou exercício quando em plena operação, sendo a reflexão o exemplo desse momento, quando o pensamento se volta para si mesmo;
- a inteligência adquirida, que integra a memória, a experiência, a análise e o julgamento;
- a inteligência intuitiva, que permite ao homem captar e entender as realidades mais profundas, ou seja, permite a experiência mística, aproximando o homem de Deus e permitindo que se conheçam, ao menos em parte, os mistérios divinos.

Foi o último tipo de inteligência que permitiu que Maomé fosse capaz de perceber e compreender a revelação que Deus lhe mostrou (Gilson, 2002).

Diferentemente de Aristóteles e Averróis, que não acreditavam na imortalidade da alma, Avicena supôs que a razão é na verdade uma faculdade da alma. Assim, morrendo o homem, cessa a sua vida racional e física, permanecendo, no entanto, a alma como imortal, pois foi criada por Deus.

A metafísica proposta por Avicena reforça a ideia de Deus como primeiro motor imóvel, um ser no qual coincidem essência e existência, pois é ato puro. Sua insistência em harmonizar Platão e Aristóteles o fez conceber a alma como separada do corpo, entendendo que a vida racional do homem só é possível pela dimensão participativa que existe entre corpo e alma.

Na visão de Avicena, o corpo participa da vida espiritual mediante a inteligência. São reunidos, assim, o corpo e a alma, tanto pela dimensão pura e imaterial, que se expressa pela consciência, como pela dimensão física do intelecto, que se manifesta na linguagem e nos sentidos do corpo. Isso permite a interação do homem com o mundo. Portanto, existem o corpo e a alma do homem, e a inteligência e a razão é que unem essas duas realidades pela participação.

De certa forma, sua concepção dual da inteligência, como passiva e ativa, prefigurou como uma teoria construtivista da inteligência humana. Isso quer dizer que a alma racional existe como potência no homem. Para se efetivar, tornar-se ato, é preciso o concurso da vida corporal, das vivências, memórias e experiências que enriquecem, aprimoram e fazem a inteligência evoluir. Nessa visão, o homem pode adquirir, em sua existência, grande sabedoria. Para isso, é preciso que ele desenvolva a ciência e a filosofia, sendo capaz até de intuir e perceber a realidade divina no mundo e em si mesmo (Gilson, 2002).

5.3
Averróis e o aristotelismo de viés islâmico

O contato do Ocidente com a filosofia grega se deu por intermédio da cultura medieval muçulmana, com as traduções que foram feitas das obras dos filósofos gregos para a língua árabe. Muitos dos filósofos escolásticos, como Santo Tomás de Aquino, Roger Bacon e Duns Scoto, tiveram contato com essas traduções para a língua latina. As ideias de Averróis, Avicena e outros influenciaram o início da filosofia moderna.

Entre as contribuições para a literatura filosófica está um longo estudo no qual Averróis escreveu comentários sobre diversos textos de Aristóteles. O cunho coloquial desse livro tinha como objetivo atingir o público leigo. De certa forma, Averróis se outorgou a função de grande divulgador da obra do mestre estagirita. Ao final, o livro foi considerado destoante dos ensinamentos da tradição muçulmana e sua produção foi proibida. Averróis não escapou do exílio. Dois anos após retornar ao califado, em Córdoba (Espanha, região da Andaluzia), ele veio a falecer.

Entre os árabes muçulmanos, também se viu uma tentativa de harmonizar a religião e a filosofia, empreendimento teórico de grande envergadura que teve de Averróis importante contribuição.

O ponto de partida do filósofo árabe é a aceitação do Alcorão como fonte da verdade, mas não infalível em tudo. Tratando-se de uma verdade poética e alegórica, o autor sugeriu uma leitura **hermenêutica** do Alcorão. Dessa forma, filosofia e teologia não são incompatíveis, mas complementares. Talvez por influência também de Platão, o aspecto político do pensamento averroísta era elitista. Sua concepção de sociedade era a de que o governo deveria ficar a cargo de um grupo especial de líderes, com instrução e sabedoria para governar e guiar o povo, cabendo a este obedecer ao Alcorão e seguir as orientações de seus líderes espirituais (Durozoi; Roussel, 1999).

Figura 5.5 – Averróis

Averróis (1126-1198), com nome árabe Ibn Rushd, tinha origem aristocrática, vindo de uma família ilustre de advogados. Conhecia direito, ciência, filosofia e teologia. Seu prestígio, sua fama e sua inteligência o fizeram se tornar o principal juiz da corte do califa Abu Ya'qud Yusuf. Na filosofia, logo se interessou pelas ideias de Aristóteles.

A obra de Averróis é classificada em três partes pelos estudiosos do pensamento árabe. A primeira delas diz respeito a comentários e paráfrases de Aristóteles. A segunda divisão refere-se às obras originais, como seu *Tratado decisivo,* que aborda a harmonia entre a filosofia e a religião, e ainda seu famoso livro *Incoerência da incoerência,* no qual faz uma refutação da obra do teólogo islâmico Al-Ghazali. A terceira parte de sua produção liga-se ao período final de sua vida, quando voltou a escrever seus grandes comentários acerca das obras de Aristóteles, especialmente sobre física e metafísica e acerca do livro *Sobre a alma*.

A admiração de Averróis pela filosofia grega, especialmente por Aristóteles, fez com que preferisse o uso da lógica e da razão em casos de impasse entre o ensinamento religioso emanado do Alcorão e a vida concreta, haja vista a evolução das culturas e as mudanças que ocorrem na vida social.

Havia, contudo, um tema controverso: a origem do mundo. Assim como na Bíblia cristã, o Alcorão ensina que o mundo foi criado do nada, mas por Alá. No entanto, Averróis concordava com Aristóteles, afirmando que o mundo sempre existiu.

A **hermenêutica** é uma forma de estudo interpretativo de textos filosóficos, científicos ou religiosos. Busca compreender o sentido das palavras, o contexto em que foram escritas e diversas outras influências que podem estar presentes num texto. A interpretação é desenvolvida com base no estabelecimento de critérios rigorosos, no sentido de alcançar uma compreensão coerente do texto estudado. Para o filósofo e teólogo Friedrich Schleiermacher (1768-1834), a hermenêutica é a ciência da compreensão, que torna possível o entendimento profundo de textos diversos, de diferentes épocas, possibilitando captar a unidade entre o pensamento dos autores e a linguagem utilizada por eles (Durozoi; Roussel,1999).

Se pensarmos em outros autores, como Santo Tomás de Aquino, que era leitor de Averróis, vemos que ele procurou outra saída – como já mostramos anteriormente. Para Santo Tomás de Aquino, Deus criou o mundo, mas de modo que ele sempre tivesse existido. Isso nos leva a crer que a admiração dos autores – cristãos ou árabes – pela obra de Aristóteles os levava a fazer manobras na argumentação lógica para preservar sua compatibilidade com as verdades reveladas pelos livros sagrados, seja a Bíblia, seja o Alcorão.

Já em relação a um tema recorrente, a imortalidade da alma, parece ter sido difícil a conciliação dos pensadores com a metafísica aristotélica. Tanto muçulmanos quanto cristãos acreditavam que a alma humana é individual, pessoal, única e imortal, que só seria ressuscitada no dia do juízo final. Mas tal crença não encontrou paralelo na filosofia de Aristóteles. Aliás, em seu tratado *Da alma (De anima)*, a posição do estagirita é divergente. Para ele, imortal seria a humanidade, e sua substância, compartilhada pelos diferentes indivíduos. Ou seja, segundo Aristóteles, quando morremos, tudo acaba, mas a humanidade, como substância que se manifesta de modo inteligente em cada indivíduo, é imortal.

Foi justamente essa discussão sobre a imortalidade da alma, além das incompatibilidades entre as verdades da fé e da razão, que fez surgir os averroístas (defensores das ideias de Averróis) entre judeus latinos. Eles passaram a afirmar que a filosofia era uma ciência independente da teologia e que existem diferenças substanciais entre os conhecimentos racionais e os teológicos. Sintetizando esses ensinamentos de Averróis, poderíamos afirmar que existem verdades de três naturezas: as de fé, para o povo; as místicas, para os teólogos e os religiosos; e as científicas, para os pensadores.

Síntese

Ao longo deste capítulo, entramos em contato com a cultura árabe, principalmente a partir de sua unificação sob a fé islâmica. Vimos que é necessário iniciar os estudos da filosofia árabe com uma breve apresentação do islamismo, pois, assim, podemos entender melhor a relação entre a fé e a razão sob o viés islâmico.

O início do islamismo está intimamente associado à figura de Maomé. Sua biografia, envolta em uma aura de mistério, apresenta um componente místico e sobrenatural, sem o qual, parece-nos, a revelação de sua mensagem não teria a mesma força.

Vimos que o início da civilização árabe marcou uma forte valorização da cultura, da arte, da medicina e da filosofia. Em grande medida, em seu apogeu, o império muçulmano deu grandes contribuições para a cultura ocidental.

Da mesma forma que entre os cristãos, para os islâmicos, havia a necessidade de justificar a fé racionalmente, por exemplo. Cronologicamente, a filosofia árabe, em seu diálogo com a filosofia grega, antecipou o debate entre a fé e a razão que esteve presente em todo o período medieval.

Entre os autores árabes que se destacaram no diálogo entre a fé e a razão, destacamos a contribuição de Avicena, também conhecido como Ibin Sina. Além de teólogo, ele foi poeta e místico, sobressaindo-se como médico famoso por seus feitos. No campo da filosofia, organizou importantes comentários aos textos clássicos da filosofia grega, especialmente aos escritos que tentavam conciliar Platão e Aristóteles. Considerava o Alcorão um livro de orientação da vida, cabendo ao homem instruído refletir sobre seus ensinamentos e contextualizá-los à luz da razão. O autor defendia ainda que, mesmo sendo religioso, é necessário manter o espírito de independência e autonomia, sem o qual a fé teria pouco valor, pois seria somente um ato de obediência ingênuo.

Ou seja, Avicena entendia que o mérito da fé está em aprofundar a compreensão das coisas sagradas, em perscrutar a mensagem de Deus contida em sua criação.

Para Averróis, outro autor de referência na filosofia árabe, Platão e Aristóteles não podem ser conciliados, pois apresentam pensamentos bem diferentes em vários quesitos. Optando pelo estudo aristotélico, Averróis formulou uma metafísica que chega a negar os ensinamentos do Alcorão em alguns sentidos. Por exemplo, ele não acreditava na imortalidade da alma, pois somente em Deus ser e existência se confundem. Seria, portanto, a imortalidade um atributo exclusivo de Deus. Contudo, esse mesmo Deus poderia, se fosse de sua vontade, restaurar a vida dos que já morreram.

Em relação ao Alcorão, Averróis foi um dos precursores em desenvolver uma teologia hermenêutica, segundo a qual os textos sagrados devem ser lidos tanto do ponto de vista exegético quanto do hermenêutico. Ou seja, é preciso levar em consideração a atualização da mensagem para novos contextos.

Indicações culturais

Livros

LIMA, K. de A. **Averróis e a questão do intelecto material no Grande Comentário ao *De Anima* de Aristóteles, livro III, comentário 5**. 102 f. Dissertação (Mestrado em Filosofia) – Faculdade de Filosofia, Letras e Ciências Humanas da Universidade de São Paulo, São Paulo, 2009. Disponível em: <http://www.teses.usp.br/teses/disponiveis/8/8133/tde-23032010-112706/pt-br.php>. Acesso em: 28 jan. 2016.

A dissertação oferece um estudo profundo e pormenorizado da influência de Aristóteles no pensamento e na teologia de Averróis. Também são explorados os argumentos em relação à criação do mundo e à existência da alma.

IBN SINA (Avicena). **Livro da alma.** Tradução de Miguel Attie Filho. São Paulo: Globo, 2011.

Na introdução dessa obra, há fartos dados biográficos sobre Avicena e seu percurso como médico e intelectual. O tema central do livro é a discussão sobre a alma em diálogo com a obra de Aristóteles. Além dessa discussão, o autor aprofunda a temática sobre as faculdades da inteligência e da imortalidade da alma.

CAMPANINI, M. **Introdução à filosofia islâmica.** Tradução de Plínio Freire Gomes. São Paulo: Estação Liberdade, 2010.

O autor do livro traz um recorte histórico, sobre a formação do pensamento filosófico árabe, com base em seu contexto, seja no início da Idade Média, seja na formação do Império Muçulmano. São apresentados diversos autores e conceitos, evidenciando como traço central dessa filosofia o fato de tomar o homem como centro da criação, destinado a se aperfeiçoar por sua filiação divina.

Filmes

O DESTINO. Direção: Youssef Chahine. França, Egito: Estação, 1997. 135 min.

O filme mostra a trajetória de Averróis quando ele inicia sua escola de pensamento em pleno domínio islâmico, em Córdoba, na Espanha. É uma obra que segue a biografia do filósofo, mostra os conflitos com o califado e a incompreensão de seus ensinamentos. Trata-se de uma mistura de aventura e história que não deixa de satirizar as diferentes faces da intolerância religiosa por parte dos radicais islâmicos.

LAWRENCE da Arábia. Direção: David Lean. EUA: Sony Pictures, 1962. 216 min.

O filme foi um grande sucesso de bilheteria e muito elogiado pela crítica na época do seu lançamento. Diretor e filme foram premiados com o Oscar. A temática do filme centra-se na história de Thomas Edward Lawrence, que, segundo consta, era arqueólogo, diplomata e agente secreto do Reino Unido. O filme explora também o aspecto geopolítico envolvido entre o segmento árabe revoltoso e o Império Turco, que os ingleses tinham interesse em enfraquecer. Aspectos obscuros da biografia de Lawrence são deixados de lado, como os eventos do seu cativeiro e os problemas psicológicos que desenvolveu após sua prisão e tortura.

Atividades de autoavaliação

1. Em relação à filosofia árabe medieval, o desenvolvimento de suas ideias esteve ligado à cultura religiosa. Considere as assertivas a seguir e assinale a mais coerente:
   a) Trata-se de uma cultura religiosa politeísta e antropomórfica.
   b) Aborda o monoteísmo islâmico.
   c) É uma doutrina monoteísta triádica: judaica, cristã e muçulmana.
   d) Centra-se nos ensinamentos do Alcorão.

2. Considerando o pensamento filosófico árabe, analise as alternativas abaixo e assinale V para as verdadeiras e F para as falsas:
   ( ) A filosofia árabe seguiu um caminho bem diferente da cristã, pois seu foco não era legitimar racionalmente as verdades de fé, mas desqualificar a racionalidade filosófica.

( ) O tema central que esteve presente entre os filósofos árabes foi a tentativa de, sob a matriz do Alcorão, aproximar a razão e a fé, a filosofia grega e a teologia muçulmana.
( ) O diálogo entre a fé e a razão entre os árabes foi infrutífero e logo abandonado. O que pesou foi a expansão religiosa e política do islã.
( ) A discussão entre a fé e a razão tinha, de um lado, Platão e Aristóteles e, do outro, a interpretação contextualizada do Alcorão.

Agora, assinale a alternativa que corresponde corretamente à sequência obtida:
a) V, V, V, V.
b) F, F, V, V.
c) F, V, F, V.
d) F, V, V, V.

3. Assinale a alternativa que melhor expressa a concepção metafísica de Avicena:
a) Com base na teoria da participação de Aristóteles, concebeu a natureza como criação de Deus e dotada de uma racionalidade que se expressa na ideia de evolução, da qual o homem é seu ponto alto.
b) Afirmava que o mundo não foi criado por Deus, mas que é eterno e coexistente com Deus desde sempre. Deus e o mundo formam uma única substância.
c) O mundo físico é a expressão concreta do *logos* eterno. Sua metafísica é, na verdade, uma cosmologia.
d) Deus, o mundo e o homem são conceitos que só podem ser compreendidos pela fé. A mente humana não alcança o significado do mistério da criação.

4. Sobre a filosofia de Averróis, é correto afirmar:
   a) Ensinava que o Alcorão tem um sentido alegórico, que o mundo não foi criado por Deus, que a alma deixa de existir na morte e que somente Deus tem o ser pleno em si.
   b) O homem é só um animal racional desprovido de alma racional e imortal.
   c) Entendia que Platão fornecia os conceitos elementares para justificar a fé no islã e que Aristóteles era incompatível com as verdades de fé.
   d) Afirmava que da relação entre a fé e a razão surge uma religião esclarecida. As verdades reveladas pelo profeta Maomé não podem contradizer a compreensão racional e natural do mundo.

5. Os ensinamentos de Averróis podem ser resumidos da seguinte forma:
   a) Seguir os mandamentos e obedecer aos líderes.
   b) Observar a doutrina do Alcorão, mas seguir sua própria consciência.
   c) Para o corpo, os remédios do corpo; para a alma, os remédios da alma, como a filosofia.
   d) Existem as verdades de fé para o povo, as místicas para o teólogo e as científicas para os pensadores.

Atividades de aprendizagem

Questões para reflexão

Leia o seguinte texto:

A esse respeito é pertinente se entender que a recepção da filosofia dos antigos foi, para os primeiros pensadores muçulmanos, um conjunto de sabedoria antiga sob diversos *nomes. Pode-se pensar que, a certa altura, o valor intrínseco de cada documento e de cada texto fosse critério suficiente para ser ou não incorporado. Para Ibn Sīnā, por exemplo, nenhum autor foi tido como uma autoridade absoluta. Ele próprio discordou e criticou Aristóteles. De todo modo, apesar dos elementos neoplatônicos, Aristóteles foi o nome sob o qual figurou grande parte das obras e dos comentários feitos pelos **falāsifa**. Ressalte-se ainda que o pensamento de Aristóteles influenciou, também, poetas, filólogos, gramáticos e juristas árabes.* (Attie Filho, 2001, p. 75, grifo do original)

Com base no fragmento acima e em seus estudos, tente responder às seguintes questões:

1. O que existe de semelhante entre o islamismo e o cristianismo?

2. Que contribuições tiveram os árabes para preservar e divulgar as obras clássicas da filosofia grega?

3. Que importância teve o pensamento de Aristóteles para a filosofia árabe?

Atividade aplicada: prática

Assista ao filme O *destino* (comentado na seção "Indicações culturais") e elabore uma reflexão pessoal sobre a filosofia de Averróis.

"Os filósofos acreditam que as leis religiosas são artes necessárias" (Averróis, citado por Kim, 2011, p. 83).

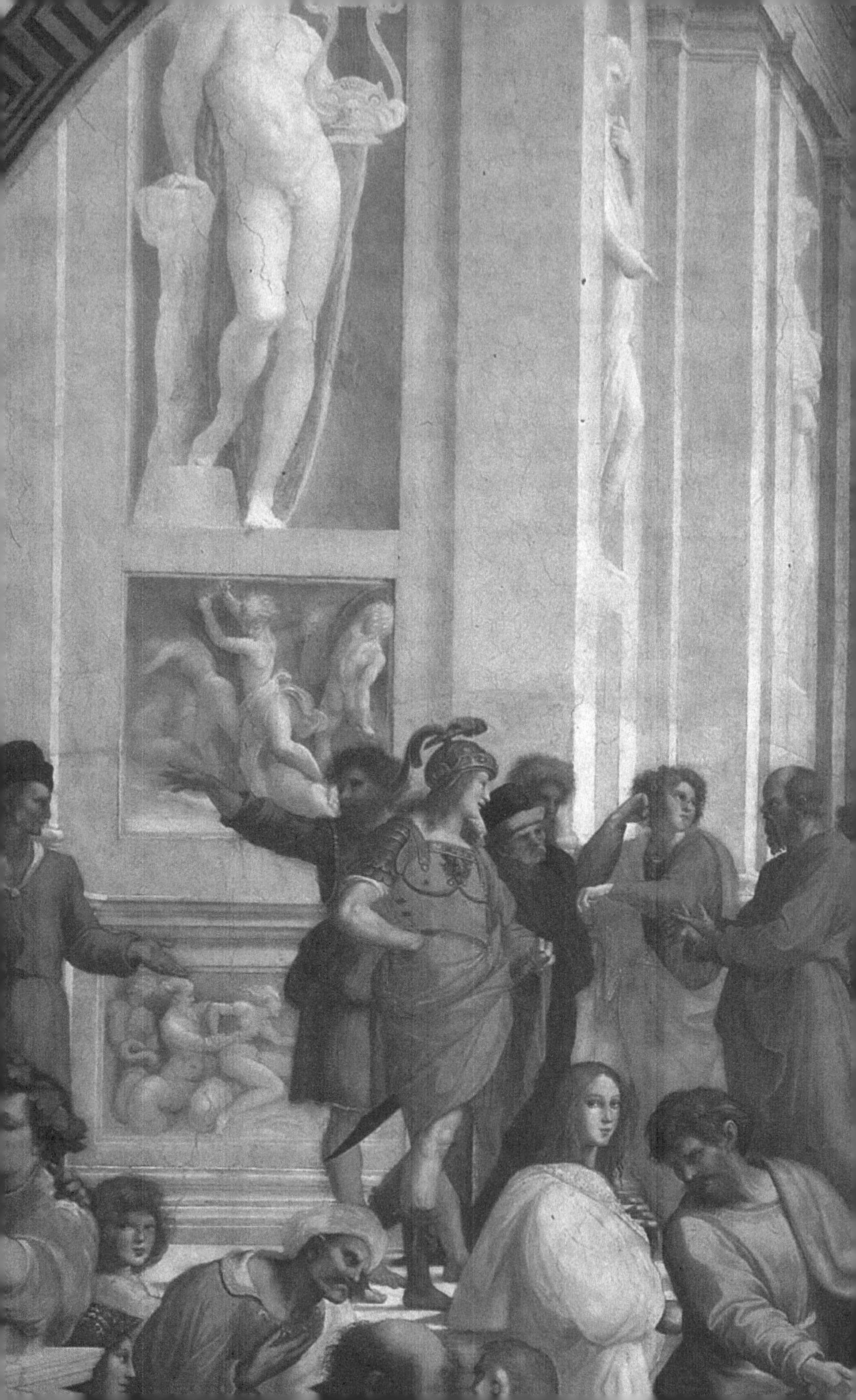

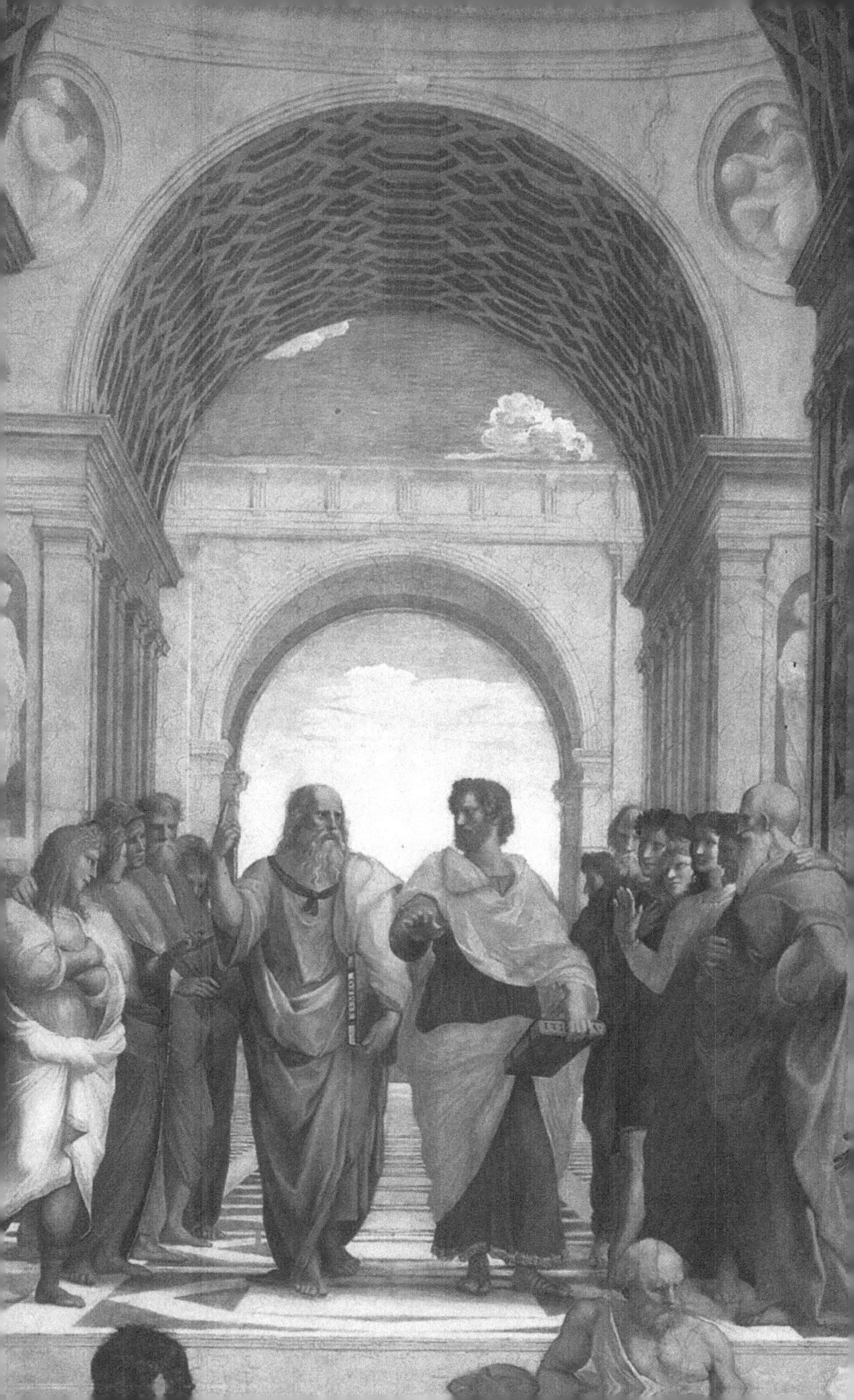

6

A filosofia judaica na Idade Média

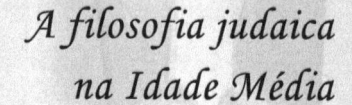

E, se não, fica sabendo ó rei, que não serviremos a teus deuses nem adoraremos a estátua de ouro que levantaste.

Bíblia. Daniel, 2016, 3:18

Neste capítulo, examinaremos brevemente a rica religiosidade judaica, com seus símbolos e livros. Ela deixou profundas influências na cultura ocidental e cristã. Veremos, também, a filosofia judaica, temática cujo estudo acabou sendo ofuscado, em parte, pelo domínio quase hegemônico da produção filosófica cristã. Será necessário, ainda, tratarmos dos principais autores da filosofia judaica desse período, pois a compreensão do período medieval fica incompleta sem um olhar, mesmo que introdutório, sobre esse assunto. Dessa forma, veremos que a Tanakh (a "bíblia" judaica) conserva um forte teor, se não filosófico em sentido próprio, pelo menos sapiencial, em muitos de seus escritos, como Provérbios e Eclesiastes.

Figura 6.1 – A menorá

A menorá se traduz do hebraico como "candeeiro" ou "candelabro com sete braços". Na tradição do judaísmo, tornou-se um dos símbolos mais conhecidos pela sua importância ritualística, pois ficava sempre aceso representando a presença divina no Templo de Jerusalém. O número sete representa a perfeição associada a Deus, mas também faz menção ao arbusto ardente no qual Deus falou com Moisés.

6.1
Fílon de Alexandria

O pensamento de Fílon de Alexandria é considerado uma das primeiras referências da filosofia judaica. Ele viveu no período da filosofia helenista, tendo recebido influência do estoicismo. Seu nascimento data do ano 10 a.C. aproximadamente, tendo desenvolvido sua filosofia durante o século I da Era Cristã. A grande contribuição de Fílon foi ter iniciado um diálogo e promovido a aproximação entre as verdades bíblicas e a filosofia grega, inaugurando uma tendência que esteve presente desde o início do pensamento filosófico cristão. Em sua obra mais conhecida, *Comentários alegóricos* *sobre o Pentateuco*, o autor faz um estudo sobre o sentido oculto na narrativa das personagens e nos eventos bíblicos, seja nas passagens sobre a criação do mundo, seja na origem das leis, seja no pacto de Abraão com Deus.*

Como estudioso das sagradas escrituras, Fílon foi um adepto da análise interpretativa e, em várias passagens de seus textos, faz menção à necessidade do estudo contextualizado da mensagem bíblica e de seus ensinamentos. Para Fílon, o objetivo das sagradas escrituras é passar um ensinamento moral e religioso. Assim, o sentido literal dos textos bíblicos precisa ter uma exegese contextualizada e uma análise interpretativa de seus significados.

A síntese realizada por Fílon reúne a concepção estoica de razão ou *logos* divino e o dualismo platônico entre o mundo imaterial e o mundo físico, em uma tentativa de convergir sua filosofia com a ideia de Deus criador. A relação desses conceitos com os textos bíblicos segue na construção de uma antropologia teológica e uma **moral teônoma**. Para Fílon, os filósofos gregos captaram parcialmente, por meio de suas racionalizações, a existência de Deus como unidade, bondade e beleza, mas é somente pelo estudo e pela meditação sobre os

Figura 6.2 – Fílon de Alexandria

Fílon de Alexandria (ca. 10 a.C.-50 d.C.), também conhecido como Fílon, o Judeu, nasceu na região da Judeia. Ele contribuiu para a pavimentação do caminho que aproximou a religião monoteísta de tradição judaica da filosofia grega neoplatônica. Sua produção não tardou a alcançar os cristãos, que viram em seu pensamento a dimensão racional das verdades reveladas por Jesus.

---

* Em sua tentativa de síntese entre a filosofia grega e os ensinamentos da tradição mosaica, Fílon contribuiu para o desenvolvimento da teologia cristã. Seu pensamento influenciou fortemente os primeiros padres da Igreja que vieram a integrar a patrística.

textos bíblicos e as verdades reveladas nas escrituras que esse entendimento pode ser aperfeiçoado. O estudo da palavra deve combinar análise histórica, exegética e hermenêutica e, assim, possibilitar ao homem compreender, em sentido humano, os desígnios de Deus (Gilson, 2002).

A obra de Fílon produziu conceitos importantes que estiveram na base da tradição da filosofia cristã, muitos dos quais foram incorporados pela patrística e, posteriormente, pelos autores da escolástica. Desse conjunto destacam-se seus conceitos de *logos* divino, potência e cosmos inteligível, termos que podem ser relacionados aos que aparecem nos Evangelhos, como a palavra do Pai encarnada, Verbo de Deus. Vemos nisso um paralelo entre a perspectiva cristã e a visão platônica, afinal, Cristo representaria a mente de Deus, que no início dos tempos tudo criou.

> Uma **moral teônoma** é aquela que tem seu fundamento em escritos sagrados. Um bom exemplo é a moralidade judaico-cristã que se fundamenta na lei mosaica. Os dez mandamentos surgem como um parâmetro externo e basilar para as ações dos homens.
>
> A **moral autônoma** é aquela que busca fundamentar-se na própria racionalidade humana e em sua capacidade de elaborar e identificar os valores mais profundos e as normas que devem conformar as ações na defesa desses valores.

O mistério da encarnação do Verbo na forma humana tornou possível resgatar a criação e restaurar a aliança entre Deus e a humanidade. Cristo, o Verbo divino encarnado, funcionaria como elemento mediador entre Deus, que é o sumo bem, e o mundo, que é desvirtuado e mau. Sem essa intermediação, o projeto de salvação do homem não aconteceria, deixando a humanidade abandonada à sua própria sorte. O que em Platão é alcançado pela meditação filosófica em Fílon só pode ser realizado pela fé e pelo conhecimento dos planos de Deus.

É clássica, ainda, sua tripartição da natureza humana em corpo, alma racional e espírito. Este último é o que perdura após a morte, pois constitui a essência participante do ser de Deus. Como seres espirituais possuidores da centelha divina, o caminho do homem no mundo precisaria ser trilhado de acordo com o bem e a retidão.

6.2
O platonismo judaico

O *pensamento filosófico* judaico só veio a ganhar um novo impulso durante o período medieval, em que floresciam os estudos da filosofia grega sob o patrocínio da cultura islâmica, durante seu domínio e expansão pela Europa.

Entre os precursores da filosofia judaica medieval, encontra-se Isaac Israeli, também conhecido como Isaac Iudeus, originário do Egito. Ele nasceu em 850 e acredita-se que tenha sido um pensador centenário, morrendo em 950. Tinha conhecimentos nas áreas de medicina, filosofia, astronomia e matemática. Sua aproximação com a filosofia se deu principalmente na recepção da obra de Platão traduzida para o árabe e depois para o hebraico. Alcançou fama e projeção, vindo a se tornar médico para o califa Ubaid Allan al-Mahadi. O período em que esteve na corte foi o mais produtivo, escrevendo diversas obras de cunho médico-científico.

A tradição filosófica Medieval o colocou como o primeiro neoplatônico da filosofia judaica no Medievo. Sua vasta obra esteve envolvida em polêmicas, como no caso da tradução de seus textos do árabe para o latim por um monge de Cartago chamado Constantino, que se colocou como autor dos escritos. Somente em 1515 a autoria dos textos foi restituída a Isaac.

Outro autor de relevância dessa época foi Saadia al-Fayyumi. Ele nasceu em 882, no Egito, onde desenvolveu grande parte de seus estudos. Tornou-se um pensador itinerante, vindo a morar na Palestina, na Síria e na Babilônia. Morreu em 942, com 60 anos. Não tão longeva como a de Israeli, sua carreira foi marcada pelo reconhecimento. Em 928, ocupou o cargo de reitor na Academia Talmúdica de Sura, na cidade da Babilônia.

Envolveu-se em algumas polêmicas com o judaísmo ortodoxo ao defender uma teologia racional dos escritos sagrados. O autor faz lembrar o posicionamento de Santo Tomás de Aquino sobre conhecer ser um pressuposto para crer, ou seja, as verdades de fé precisam passar pelos crivos da razão para serem aceitas como tal.

> O **etnocentrismo** é um conceito muito utilizado pela antropologia e também pela sociologia para explicar e analisar aquelas visões de mundo nas quais indivíduos consideram seu grupo étnico, sua nação e sua cultura como sendo mais importantes e desenvolvidos do que os de outros povos.

Saadia, em sua principal obra, *Livro das crenças e opiniões*, faz uma forte e generalizada crítica ao entendimento dos cristãos e muçulmanos que partem do dualismo platônico para entender as escrituras sagradas. Os argumentos expostos no livro fazem uma defesa incondicional da teologia judaica. Saadia resvala numa argumentação autorreferente e **etnocêntrica** em relação às demais tradições religiosas.

Desse modo, no curso da produção da filosofia judaica, formaram-se dois posicionamentos antagônicos. O primeiro é a perspectiva de Saadia, a qual se fecha numa concepção autorreferente do judaísmo e de sua teologia racional e, com base nisso, estabelece um diálogo com a filosofia. O segundo posicionamento refere-se a Fílon e a Israeli, ambos neoplatônicos, para os quais existe um paralelo entre a metafísica de Platão e as verdades bíblicas. Esta segunda perspectiva teve seu ponto forte até os séculos XI e XII, quando entrou em declínio diante do aristotelismo medieval (Gilson, 2002).

Podemos perceber que, realmente, o movimento pendular caracterizou o progresso do pensamento filosófico no Medievo, algo observável entre judeus, muçulmanos e cristãos. Mesmo a escolástica não escapou disso, pois, após séculos de pujança intelectual, teve seu ponto alto no pensamento tomista, mas entrou em declínio para dar lugar a uma guinada agostiniana-platônica, como vimos em São Boaventura e no movimento franciscano.

6.3
Moisés Maimônides

Figura 6.3 – Moisés Maimônides

A formação de Moisés Maimônides foi esmerada e multifacetada. Foi educado em árabe e hebraico. Seu pai era juiz rabínico e o ensinou sobre a lei judaica e o estudo do Talmude, que exerceu grande influência em sua formação. Vivendo numa Espanha governada pelo islã, a família de Maimônides teve de fugir quando subiu ao poder a dinastia Berbere, intolerante e fundamentalista. Foram tempos difíceis e eles tiveram de viver como nômades durante mais de dez anos. Após esse período de exílio, foram morar no Marrocos e, posteriormente, no Cairo, capital do Egito. Estudante notável, em meio às dificuldades financeiras que atingiram sua família, ainda jovem, teve de trabalhar para ganhar seu sustento. Seus esforços o fizeram médico e, depois, juiz de sua comunidade, assim como fora seu pai.

Moshe ben Maimon, em hebraico, ou Moisés Maimônides, em português, também conhecido como Ramban, nasceu em 30 de março de 1135, em Córdoba, na Espanha, e morreu em 13 de dezembro de 1204, no Egito. Entre suas obras estão *Comentários sobre a mishná*, escrita em 1168, *Torá mishná*, de 1178, e *Guia dos perplexos*, de 1190, seu livro mais conhecido.

Sua cultura, seu conhecimento e sua autoridade intelectual o tornaram líder máximo da comunidade judaica no Cairo. Maimônides escrevia tanto em hebraico quanto em árabe. Assim, sua produção conserva os traços de um clássico, sendo ainda hoje uma grande referência entre estudiosos da cultura e da filosofia judaica.

O conjunto de seus escritos se afina como uma filosofia da religião de viés aristotélico judaico. Considera-se até mesmo que tenha sido influenciado pela obra de outro filósofo, chamado Pseudo-Dionísio, pois desenvolveu uma argumentação semelhante à desse autor. Ambos defenderam que sobre Deus nada se pode afirmar. Tal perspectiva ficou conhecida como *teologia negativa*, na qual concluía Maimônides: "Deus não tem atributos, só podemos conhecê-lo pelo que Ele não é" (Maimônides, citado por Kim, 2011, p. 85).

A teologia negativa de Maimônides seguiu sendo ora confirmada, como por João Scoto Erígena, ora questionada, como por Santo Tomás de Aquino. Este último, aliás, enumerou a onipotência, a onisciência e a onipresença como atributos de Deus, em sua *Suma teológica*.

De todo modo, Maimônides foi coerente com sua função de orientador espiritual e elaborou um conjunto de princípios da fé judaica conhecido como *Os treze princípios de fé* (Chabad.org, 2016a). Seu objetivo parece ter sido o de estabelecer a identidade e as diferenças do judaísmo em relação ao cristianismo e ao islamismo. Os princípios podem ser lidos a seguir.

Os princípios de fé, segundo Maimônides

1. Creio com plena fé que D-us* é o Criador de todas as criaturas e as dirige. Só Ele fez, faz e fará tudo.
2. Creio com plena fé que o Criador é Único. Não há unicidade igual à d'Ele. Só ele é nosso D-us; Ele sempre existiu, existe e existirá.
3. Creio com plena fé que o Criador não é corpo. Conceitos físicos não se aplicam a Ele. Não há nada que se assemelhe a Ele.
4. Creio com plena fé que o Criador é o primeiro e o último.

www.pt.chabad.org

---

* Na tradição judaica, escreve-se *D-us* para fazer referência a Deus sem citar seu nome completo, de modo a não desobedecer ao que prescreve o mandamento segundo o qual não se deve mencionar o nome de Deus em vão.

5. Creio com plena fé que é adequado orar somente ao Criador. Não se dever rezar para ninguém ou nada mais.
6. Creio com plena fé que todas as palavras dos profetas são autênticas.
7. Creio com plena fé que a profecia de Moshê Rebênu é verdadeira. Ele foi o mais importante de todos os profetas, antes e depois dele.
8. Creio com plena fé que toda a Torá que se encontra em nosso poder foi dada a Moshê Rebênu.
9. Creio com plena fé que esta Torá não será alterada e que nunca haverá outra dada pelo Criador.
10. Creio com plena fé que o Criador conhece todos os atos e pensamentos do ser humano.
11. Creio com plena fé que o Criador recompensa aqueles que cumprem Seus preceitos e pune quem os transgride.
12. Creio com plena fé na vinda de Mashiach. Mesmo que demore, esperarei por sua vinda a cada dia.
13. Creio com plena fé na Ressurreição dos Mortos que ocorrerá quando for do agrado do Criador.

Fonte: Chabad.org, 2016a (pt.chabad.org).

A teologia negativa desenvolvida por Maimônides está associada à tradição judaica que concebe Deus como único, absoluto, eterno e inominável. Trata-se de produzir uma teologia racional contra a antropomorfização de Deus, algo muito comum nas tradições místicas de cunho politeísta. Sua análise racional da Torá tem semelhança com a análise de Fílon, no sentido de compreender que o texto sagrado não pode ser tomado em sua literalidade. "Quando os intelectos contemplam a essência de Deus, sua apreensão torna-se incapacidade" (Maimônides, citado por Kim, 2011, p. 85).

O cuidado de Maimônides em relação a Deus e à sua compreensão é de um zelo excessivo a ponto de colocar como norma que, se alguém da comunidade judaica insistisse em ver Deus como semelhante ao homem, conferindo-lhe atributos, deveria ser expulso. Ou seja, parece que o esforço do filósofo foi o de estabelecer uma identidade religiosa e teológica do judaísmo em relação aos cristãos e aos muçulmanos.

Nada se pode dizer sobre Deus em sentido essencial. Assim, ao homem é possível compreender os atos divinos, como ter criado o homem e revelado a palavra divina aos profetas, mas o ser de Deus permanece inacessível à inteligência humana. Colocar atributos em Deus seria visto como um sinal de ignorância dessa verdade.

A rigor, a questão dos atributos que os homens podem colocar em Deus diz muito mais sobre os próprios homens, pois são projeções e características acidentais dos seres, como alto, baixo ou magro, isto é, são coisas que podem ou não ocorrer, dependendo de diferentes fatores. Ou podemos dizer ainda que são atributos essenciais, definidores dos seres, como "João é homem e é racional". Nesse caso, a humanidade e a racionalidade são atributos essenciais que definem o ser particular, no caso, João. Ora, Deus, estando além da compreensão humana, não pode ser definido, a não ser de modo negativo e alegórico. A afirmação "Deus é justo" deve ser compreendida e interpretada pela sua dupla negativa, o que equivale a dizer: "Deus não age com injustiça". Assim, contemplar a essência de Deus é um movimento de abertura e entrega do intelecto à realidade divina, incompreensível, profunda e misteriosa.

Síntese

Ao longo deste capítulo, vimos que o debate envolvendo a fé e a razão também esteve presente na religião judaica. Essa discussão, que envolveu a produção filosófica e teológica medieval, perpassou as três grandes religiões de tradição monoteísta. A filosofia judaica foi colocada por último somente para fins de organização didática do livro, pois o judaísmo foi o precursor no diálogo entre as verdades reveladas e o conhecimento filosófico de tradição grega. Já no século I da Era Cristã, Fílon de Alexandria fez uma aproximação entre o conhecimento bíblico e religioso com a filosofia. Para Fílon, as sagradas escrituras precisam ser lidas e estudadas na busca pelo sentido moral e místico dos seus ensinamentos. Não se trata, portanto, de um livro histórico em sentido estrito, mas de uma coletânea de relatos que tem um claro sentido de orientação da vida social e individual.

Seu pensamento tende a um platonismo moderado, fazendo coincidir as noções de uno com Deus. A criação expressa essa unidade por meio do *logos* presente na natureza, algo que se manifesta em um sentido teleológico presente no mundo. Vimos, assim, que a filosofia dos gregos captou as verdades transcendentes mais profundas da criação, mas o fez por uma percepção parcial. A racionalidade humana não alcançou plenamente os mistérios divinos. Entre os conceitos elaborados, ou reelaborados, por Fílon e que, posteriormente, foram incorporados na tradição cristã, encontram-se o *logos divino*, potência, e o cosmos inteligível, numa clara convergência com os ensinamentos contidos na Bíblia.

Na tradição filosófica do judaísmo, o platonismo teve maior penetração, como é o caso de Isaac Israeli, também conhecido como Isaac Iudeus. Sua recepção da obra de Platão o colocou como uma das primeiras referências na tradução das obras do filósofo grego do árabe para o hebraico.

Outro nome importante na filosofia judaica do Medievo foi Saadia al-Fayyumi, que viveu no século X e teve uma produção importante ao defender uma teologia racional dos textos sagrados, à luz da filosofia de Aristóteles e de seu empirismo. O autor ensinava que as verdades de fé precisam passar pelo exame da razão de modo a tornar a fé mais consistente e esclarecida.

Considerado um dos maiores expoentes do pensamento filosófico judaico, Moisés Maimônides se destacou pela abrangência e profundidade de suas obras. Um dos traços marcantes de sua doutrina foi ter proposto e desenvolvido uma teologia negativa sobre Deus, ao qual, segundo ele, nada se pode atribuir. O argumento de Maimônides visa a purificar a teologia das antropomorfizações de Deus.

Indicações culturais

Livros

MAIMÔNIDES, M. **Guia dos perplexos**. Tradução de Uri Lam. São Paulo: Landy, 2003.

Trata-se de um manual de orientação para a leitura das sagradas escrituras. As lições e os conselhos contidos no livro vão além de uma abordagem espiritual e religiosa da vida, pois oferecem orientações sobre vários aspectos desta. Seus ensinamentos visam a ajudar os indivíduos a compreender o mundo e a nele se situar de modo coerente e equilibrado, em conformidade com uma vida boa e virtuosa. Admirador de Aristóteles, Maimônides almejou auxiliar o fiel na busca da sabedoria, propondo um exame racional das escrituras e conciliando, a seu modo, a fé e a razão, a filosofia e a teologia, a vida em sociedade e a experiência mística.

Filmes

ALEXANDRIA. Direção: Alejandro Amenábar. Espanha: Imagem Filmes, 2009. 127 min.

O filme mostra a famosa cidade de Alexandria, que, sob o domínio romano, vivencia um período de grande turbulência e instabilidade, quando judeus e cristãos disputam a liderança e a soberania da cidade. A narrativa ainda resgata a marcante personagem da filósofa e astrônoma Hipátia*.

YIPPEE – Alegria de viver. Direção: Paul Mazursky. EUA: Film Connection, 2006. 73 min.

Esse documentário retrata uma comunidade de judeus vivendo na Ucrânia. O foco é a peregrinação judaica, resgatando a beleza de seu cotidiano e a alegria com que celebram as datas religiosas e comemorativas de seu calendário. É um misto de fé, poesia e espiritualidade sobre um povo resistente e alegre.

Atividades de autoavaliação

1. Analise a alternativa que melhor expressa o conjunto de autores de quem a filosofia judaica medieval mais recebeu influência:
    a) Plotino, Sêneca, Cícero e Diógenes.
    b) Platão e Aristóteles.
    c) Sócrates, Platão, Aristóteles e Plotino.
    d) Fílon, Santo Agostinho e Abelardo.

---

* "Hipátia [...] viveu, aproximadamente, entre os anos 355 e 415 d.C., período de dominação romana e de ascensão do cristianismo. Matemática, filósofa neoplatônica, professora, poetisa e astrônoma, Hipátia viveu em Alexandria (Egito), um grande centro de atividade matemática. Seu pai, Téon, também foi um importante matemático. Considerada por alguns como a primeira mulher matemática que se tem registro, Hipátia escreveu comentários sobre Diofante, Ptolomeu e Apolônio, entre outros trabalhos" (Biblioteca IM, 2012).

2. Fílon de Alexandria foi o precursor de uma tendência nos estudos das sagradas escrituras. Que afirmação melhor representa essa tendência?
   a) Teologia dogmática e exegese bíblica.
   b) Hermenêutica bíblica.
   c) Teologia sistemática e escatologia
   d) Cosmologia e filosofia natural.

3. Considerando os ensinamentos de Fílon, assinale V para as afirmações verdadeiras e F para as falsas:
   ( ) Operou uma síntese entre o estoicismo e o platonismo, aproximando-se dos conceitos cristãos de Deus como unidade e beleza.
   ( ) Criticou Platão e defendeu a separação entre a filosofia e a teologia como áreas distintas e independentes.
   ( ) Entre seus principais conceitos figuram o cosmos inteligível, o *logos divino*, a unidade e a beleza como atributos da perfeição divina.
   ( ) Assumiu os argumentos de Aristóteles sobre a concepção cosmológica de Deus como motor imóvel e do mundo como infinito e coeterno a Deus.

   Agora, indique qual alternativa corresponde à sequência correta:
   a) V, V, V, V.
   b) F, F, V, V.
   c) F, V, F, V.
   d) V, F, V, F.

4. Entre os principais ensinamentos filosóficos de Moisés Maimônides estão:
   a) Inspirado num aristotelismo adaptado, desenvolveu uma teologia negativa sobre Deus, afirmando que a ele nada se pode atribuir.

b) Desenvolveu uma teologia natural sobre Deus e os ensinamentos bíblicos, afirmando que a compreensão das coisas divinas é racional e autoevidente.

c) Afirmou que a Bíblia é um livro histórico e que seus ensinamentos precisam ser atualizados e contextualizados, reforçando a tese da hermenêutica bíblica.

d) Seus ensinamentos para os fiéis que vivem no mundo e enfrentam as adversidades de uma sociedade cética e pecadora são flexíveis. Afirmou que o julgamento se dá na consciência de cada um em relação à sua compreensão de Deus e de sua palavra.

5. Qual era o objetivo da teologia negativa desenvolvida por Maimônides?

a) Afirmar os atributos e as qualidades divinas.

b) Negar a possibilidade de que o homem pudesse conhecer Deus e relacionar-se com Ele.

c) Afirmar Deus como ser inominável e evitar sua antropomorfização.

d) Ensinar que só pela negação de Deus o homem pode afirmar a si mesmo.

Atividades de aprendizagem

Questões para reflexão

1. Leia a seguinte frase:

Creio plenamente que o Criador foi o primeiro (nada existiu antes d'Ele) e que será o último (nada existirá depois d'Ele). (Maimônides, citado por Kim, 2011, p. 85)

Considerando esse ensinamento de Maimônides, como você o relaciona à teoria do *Big Bang*?

2. A teologia negativa desenvolvida por Maimônides está associada à tradição judaica que concebe Deus como único, absoluto, eterno, inominável. Trata-se de produzir uma teologia racional contra a antropomorfização de Deus. Com base no que propõe Maimônides, explique o que significaria antropomorfizar Deus.

3. Para Fílon, o objetivo das sagradas escrituras é passar um ensinamento moral e religioso. O sentido literal dos textos bíblicos precisa passar por uma exegese contextualizada e uma análise interpretativa de seus significados. Tomando como referência essa ideia, como você interpretaria os ensinamentos bíblicos na sociedade de hoje, especialmente as passagens que falam de anjos, demônios e possessões diabólicas?

4. A síntese realizada por Fílon reúne a concepção estoica de razão ou *logos* divino e o dualismo platônico entre o mundo imaterial e o mundo físico, em uma tentativa de convergir sua filosofia com a ideia de Deus criador. A relação desses conceitos com os textos bíblicos segue na construção de uma antropologia teológica e uma moral teônoma.

Considere o enunciado acima e faça uma pesquisa sobre o que seria uma moral teônoma e uma moral autônoma.

Atividade aplicada: prática

Assistia ao filme *Alexandria* (comentado na seção "Indicações culturais") e desenvolva uma reflexão sobre os conflitos religiosos que aparecem no filme. Procure fazer uma comparação com as batalhas que acontecem na atualidade.

"Os grandes gênios atingem o objetivo com um só passo, enquanto os espíritos comuns devem deixar-se guiar por uma longa série de silogismos" (Maimônides, 2016).

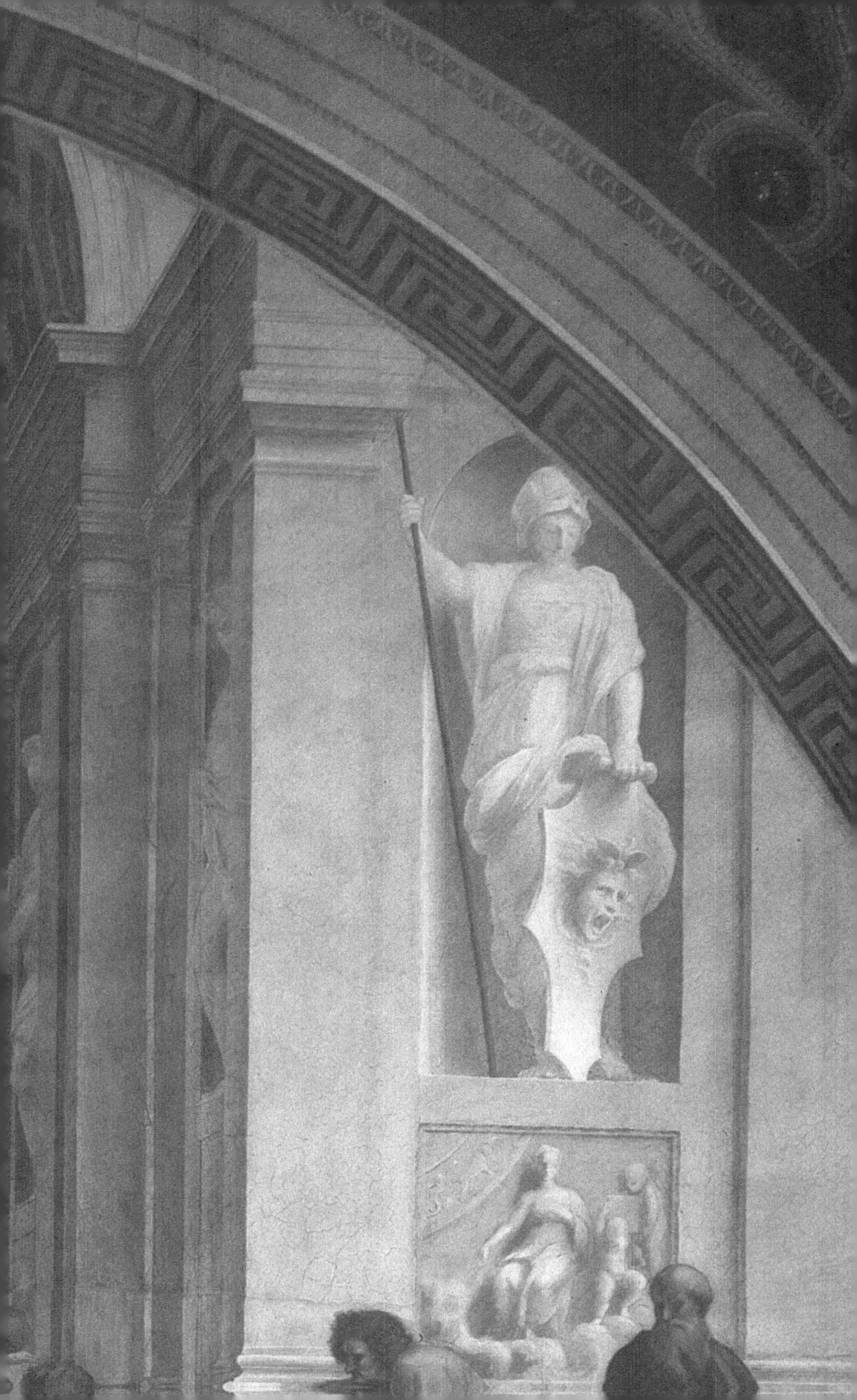

considerações finais

Ao longo deste livro, procuramos trazer a você, leitor, informações relevantes sobre o instigante mundo da filosofia medieval. Assim, vimos que, para fazer uma avaliação mais precisa da Idade Média, ora vista como uma época perdida ou de "trevas", ora como um período de luz e desenvolvimento, é necessário aprofundar a análise sobre o assunto. Nosso intuito foi o de mostrar que, em termos de produção filosófica, o Medievo apresentou um conjunto de pensadores que marcaram a história do pensamento. Cada um, a seu modo, procurou dar uma resposta ao inquietante problema que ocupou o centro da agenda filosófica daquele período: o sentido de Deus na vida humana e a relação entre a fé e a razão.

Evidenciamos que, sobre as ruínas de Roma, ergueu-se uma instituição que marcaria para sempre os destinos da cultura ocidental. Referimo-nos à Igreja Católica, que teve um papel de monopolizadora do conhecimento nesse período. Boa parte da produção filosófica daquela época representou o esforço de padres e teólogos para defender e justificar racionalmente a doutrina cristã.

Outro aspecto importante, já mencionado na introdução deste livro, foi que trouxemos não só a produção filosófica ligada ao cristianismo, mas também a produção ligada às filosofias judaica e islâmica. É importante registrar que o modo como organizamos o livro se deveu a um arranjo didático a fim de facilitar os estudos, pois, cronologicamente, a produção filosófica da Idade Média tem início com a tradição judaica, assunto de que tratamos no último capítulo do livro.

Considerando os diferentes autores abordados, bem como seus conceitos e argumentos, destacamos Santo Agostinho e Santo Tomás de Aquino, não de modo exclusivo, é claro, tampouco por serem os maiores representantes da teologia católica, mas, sobretudo, pelo peso teórico que tiveram no pensamento medieval.

Vimos também que os dois grandes interlocutores da produção teórica do Medievo foram Platão e Aristóteles, sendo possível afirmar que, em suas bases, a doutrina cristã recebeu de ambos fortes influências.

De certa forma, a filosofia medieval, quando se concentrou na discussão sobre a relação entre a fé e a razão, colocou no centro do debate um conjunto de questões ainda muito controversas, levantando indagações profundas que eram (e ainda são) muito presentes no espírito humano.

Trata-se de questionamentos sobre o sentido da vida, de que forma podemos lidar com a morte, sobre a nossa origem e o nosso destino final. A angústia do homem medieval traduzida na busca religiosa, mesmo que muitas vezes ingênua e alienada ou, ainda, fazendo-se presente nos diversos debates filosóficos, reaparece em nossa época sob novas roupagens. Novos deuses, verdades e igrejas surgem a cada dia, formando um *menu* ao gosto do consumo e do individualismo típicos de nosso tempo.

Parece-nos que as esperanças de salvação de outrora reaparecem sob novos discursos sobre a felicidade em forma de rótulos, cultos ou oferendas. Deparamo-nos com produtos "espirituais" que invadem o cotidiano das pessoas, aliados a infindáveis sonhos de consumo e à exacerbação do progresso material e tecnológico. Tudo isso parece não bastar para os homens superarem o vazio e a inquietude em face da problemática existência contemporânea.

Seja como for, o contato com a sabedoria dos grandes mestres da Antiguidade e do Medievo, sendo cristãos, judeus ou muçulmanos, quando feito com as devidas contextualizações, representa um manancial de conhecimento e poesia. São autores que nos ajudam a descortinar o homem com um ser telúrico com sede de transcendência. Foi justamente esse o ponto ao qual tentamos chegar no decorrer desta obra.

Independentemente de sua fé, religião ou filosofia de vida, esperamos que este pequeno livro tenha contribuído para a sua formação, oferecendo uma singela amostra do universo rico e instigante de autores e obras que fizeram parte da história da filosofia medieval e cujos pensamentos e indagações repercutem na vida de todos os homens e de todas as mulheres.

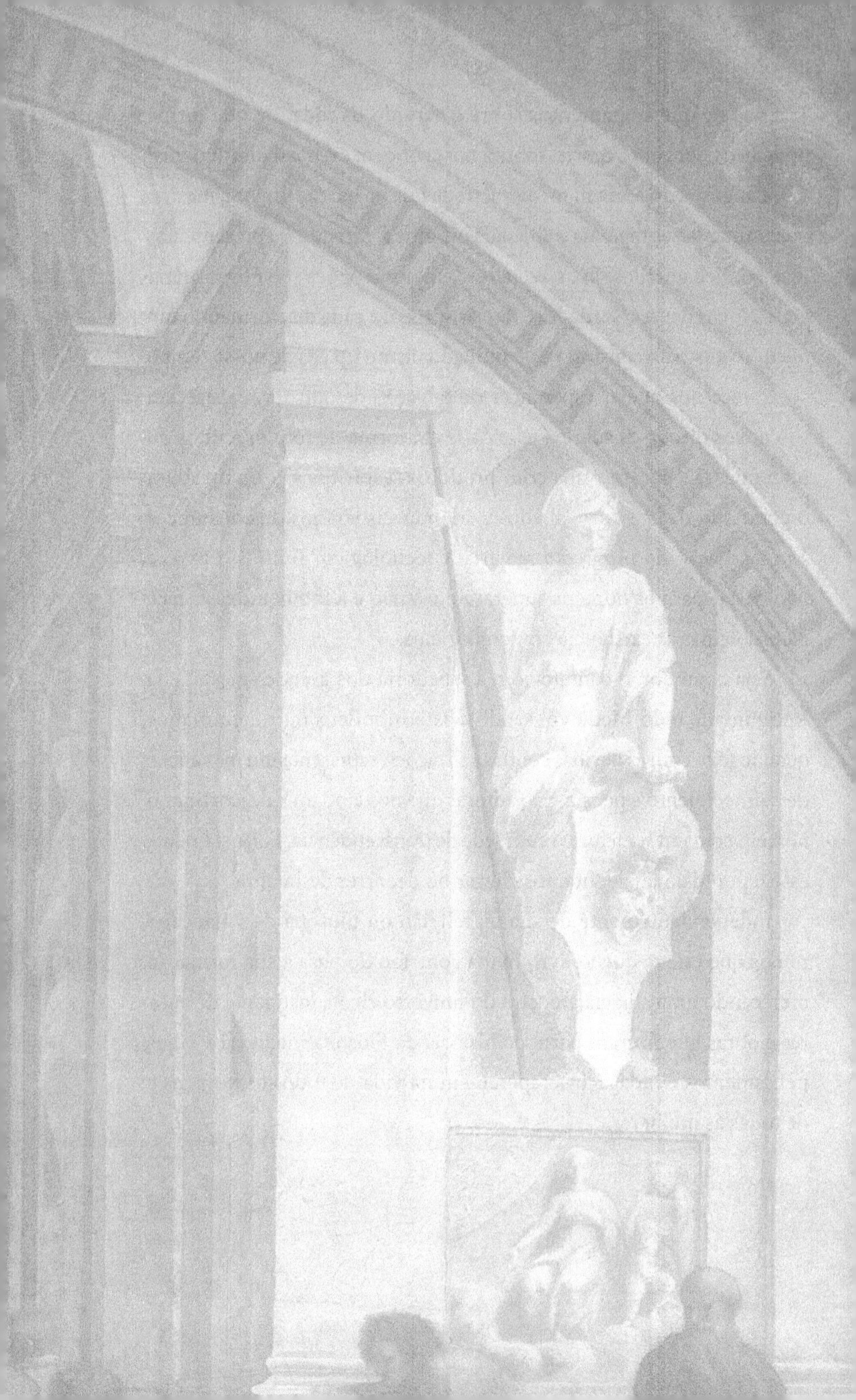

referências

ABBAGNANO, N. **Dicionário de filosofia**. 5. ed. São Paulo: M. Fontes, 2007.

ABELARDO, P. **Lógica para principiantes**. Tradução por Ruy Afonso da Costa Nunes. Abril Cultural: São Paulo, 1973. (Coleção Os Pensadores).

AGOSTINHO, Santo. **A natureza do bem**. Tradução de Carlos Ancêde Nougué. Rio de Janeiro: Sétimo Selo, 2006.

AGOSTINHO, Santo. **Confissões**. Tradução de J. Oliveira dos Santos e A. Ambrósio de Penha. São Paulo: Nova Cultural, 2000. (Coleção Os Pensadores).

AGOSTINHO, Santo. **Confissões**. Tradução de Almiro Pisetta. São Paulo: Mundo Cristão, 2013.

AGOSTINHO, Santo. **O livre-arbítrio**. 2. ed. Tradução de Nair de Assis Oliveira. São Paulo: Paulus, 1995. (Coleção Patrística).

AL-FARABI. **O caminho da felicidade**. Disponível em: <http://www.falsafa.com.br>. Acesso em: 18 fev. 2016.

ATTIE FILHO, M. **Falsafa**: a filosofia entre os árabes. São Paulo: Palas Athenas, 2002.

ATTIE FILHO, M. **Falsafa**: a filosofia entre os árabes. São Paulo: Palas Athenas, 2001. Disponível em: <http://falsafa.dominio temporario.com/doc/FALSAFA_LIVRO_PAG_NET.pdf>. Acesso em: 1º fev. 2016.

BARK, W. C. **Origens da Idade Média**. Rio de Janeiro: Zahar, 1979.

BÍBLIA (Velho Testamento). Daniel. Português. **Bíblia Online**. Tradução de Almeida corrigida e revisada, fiel ao texto original. cap. 3, vers. 18. Disponível em: <https://www.bibliaonline.com.br/acf/dn/3>. Acesso em: 1º fev. 2016.

BIBLIOTECA IM. **Hipátia**: matemática, filósofa, poetisa e astrônoma. 10 abr. 2012. Disponível em: <http://www.im.ufrj.br/biblioteca/?p=2822>. Acesso em: 1º fev. 2016.

BOEHNER, P. (Ed.). **Philosophical Writings**: a Selection/William of Ockham. Tradução de P. Boehner. Indianópolis: Hackett Publishing Company, 1990.

CAMPANINI, M. **Introdução à filosofia islâmica**. Tradução de Plínio Freire Gomes. São Paulo: Estação Liberdade, 2010.

CARVALHO, O. **Período helenístico I**. São Paulo: É Realizações, 2006. (História Essencial da Filosofia).

CHABAD.org. **13 Princípios**. Disponível em: <http://www.pt.chabad.org/library/article_cdo/aid/666842/jewish/13-Princpios.htm>. Acesso em: 1º fev. 2016a.

CHABAD.org. **Maimônides**: O Rambam. Disponível em: <http://www.chabad.org.br/biblioteca/artigos/rambam/home.html>. Acesso em: 15 fev. 2016b.

CHAUI, M. **Convite à filosofia**. 13. ed. São Paulo: Ática, 2003.

CÍCERO, M. T. **Da república**. Tradução de Amador Cisneiros. Bauru: Edipro, 1995. (Série Clássicos).

CUNHA, A. G. da. **Dicionário etimológico da língua portuguesa**. 4. ed. São Paulo: Lexikon, 2010.

DUROZOI, G.; ROUSSEL, A. **Dicionário de filosofia**. 3. ed. São Paulo: Papirus, 1999.

ELIADE, M. **Tratado de história das religiões**. São Paulo: M. Fontes, 2008.

FILOSOFIA E HISTÓRIA DO PENSAMENTO. Disponível em: <http://www.falsafa.com.br/>. Acesso em: 1º fev. 2016.

GÁMEZ, E. G. **Boécio**. 23 set. 2013. Disponível em: <http://filosofia.laguia2000.com/grandes-filosofos/boecio>. Acesso em: 16 fev. 2016.

GERLACH, E. **Greek Philosophy 11**: Plato's Timaeus & Parmenides. Disponível em: <http://ericgerlach.com/greekphilosophy11/>. Acesso em: 1º fev. 2016.

GILSON, E. **A filosofia na Idade Média**. Tradução de Eduardo Brandão. São Paulo: M. Fontes, 2002.

GRATELOUP, L.-L. **Dicionário filosófico de citações**. Tradução de Marina Appenzeller. São Paulo: M. Fontes, 2004.

HUIZINGA, J. **O declínio da Idade Média**: um estudo sobre as formas de vida, pensamento e arte em França e nos Países Baixos nos séculos XIV e XV. Lisboa: Ulisseia, [S.d.].

IBN SINA (Avicena). **Livro da alma**. Tradução de Miguel Attie Filho. São Paulo: Globo, 2011.

KIM, D. **O livro da filosofia**. São Paulo: Globo, 2011.

KRAMER, H.; SPRENGER, J. **O martelo das feiticeiras**. Rio de Janeiro: Record; Rosa dos Tempos, 1995.

LAW, S. **Guia ilustrado Zahar de filosofia**. Tradução de Maria Luiza X. de A. Borges. Rio de Janeiro: J. Zahar, 2009.

LE GOFF, J. **A civilização do Ocidente medieval**. Lisboa: Editorial Stampa, 1983.

LE GOFF, J. **A existência na filosofia de São Tomás**. Tradução de Geraldo Pinheiro Machado, Gilda L. Mellilo e Yolanda F. Balcão. São Paulo: Duas Cidades, 1962.

LE GOFF, J. **O imaginário medieval**. Portugal: Editorial Stampa, 1994.

LIMA, K. DE A. **Averróis e a questão do intelecto material no Grande Comentário ao *De Anima* de Aristóteles, livro III, comentário 5**. 102 f. Dissertação (Mestrado em Filosofia) – Faculdade de Filosofia, Letras e Ciências Humanas da Universidade de São Paulo, São Paulo, 2009. Disponível em: <http://www.teses.usp.br/teses/disponiveis/8/8133/tde-23032010-112706/pt-br.php>. Acesso em: 1 fev. 2016.

LINK, L. **O diabo**: a máscara sem rosto. São Paulo: Companhia das Letras, 1978.

MAGEE, B. **História da filosofia**. 2. ed. Tradução de Marcos Bagno. São Paulo: Edições Loyola, 2000.

MAIMÔNIDES, M. **Guia dos perplexos**. Tradução de Uri Lam. São Paulo: Landy, 2003.

MAIMÔNIDES, M. **Pensamentos e frases**. Disponível em: <http://pensamentosefrases.com.br/Moses+Maimonides.html>. Acesso em: 15 fev. 2016.

MARCONDES, D. **Iniciação à história da filosofia:** dos pré-socráticos a Wittgenstein. São Paulo: J. Zahar, 2007.

MARINOFF, L. **Mais Platão, menos Prozac**. 2. ed. Tradução de Ana Luiz Borges. Rio de Janeiro: Record, 2011.

OCKHAM, G. de. **Lógica dos termos**. Porto Alegre: EdiPUCRS, 1999. v. III.

OCKHAM, G. de. **Oito questões sobre o poder do papa**. Porto Alegre: EdiPUCRS, 2002.

REALE, G.; ANTISERI, D. **História da filosofia**. Tradução de Ivo Storniolo. São Paulo: Paulus, 2003.

RODRIGUES, L. A. M.; RAMOS, J. M. R. Islã: fundamentalismo e política. **Revista de Economia & Relações Internacionais**, São Paulo, v. 2, n. 4, jan. 2014. Disponível em: <http://www.faap.br/revista_faap/rel_internacionais/rel_04/jmaria.htm>. Acesso em: 1º fev. 2016.

ROVIGHI, S. V. **História da filosofia moderna**. São Paulo: Loyola. 1999

ROVIGHI, S. V. **S. Anselmo e la filosofia del sec. XI**. Milano: Fratelli Bocca, 1949.

RUMI, J. ad-D. M. A hora da união. In: CARVALHO, J. J. de. (Org.). **Os melhores poemas de amor da sabedoria religiosa de todos os tempos**. Tradução de José Jorge de Carvalho. Rio de Janeiro: Ediouro, 2001.

RUSSELL, B. **História da filosofia ocidental**. Tradução de Brenno Silveira. São Paulo: Companhia Editora Nacional, 1969. v. 2.

SAGAN, C. **Pensador**. Disponível em: <http://pensador.uol.com.br/autor/carl_sagan/>. Acesso em: 15 fev. 2016.

SALVE RAINHA. **Oração Salve Rainha**. Disponível em: <http://oracaosalverainha.com/>. Acesso em: 5 set. 2016.

SCHOPENHAUER, A. **O mundo como vontade e representação**. Rio de Janeiro: Contraponto, 2001.

SILVA, I. F. da. **O conceito de participação em João Escoto Eriúgena**. 110 f. Dissertação (Mestrado em Filosofia) – Universidade Federal do Rio Grande do Norte, Natal, 2006. Disponível em: <http://repositorio.ufrn.br/jspui/bitstream/123456789/16485/1/IrisFS.pdf>. Acesso em: 1º fev. 2016.

SPINELLI, M. **Helenização e recriação de sentidos**: a filosofia na época da expansão do cristianismo – séculos II, III e IV. Porto Alegre: EdiPUCRS, 2002.

TOMÁS DE AQUINO, Santo. **O ente e a essência**. Tradução de Mário Santiago de Carvalho. Covilhã: Ed. da Universidade da Beira Interior, 2008. (Coleção Textos Clássicos de Filosofia).

TOYNBEE, A. J. **Helenismo**: história de uma civilização. Rio de Janeiro: Zahar, 1963.

VEYNE, P. **Quando nosso mundo se tornou cristão**. 2. ed. Tradução de Marcos de Castro. São Paulo: Civilização Brasileira, 2011.

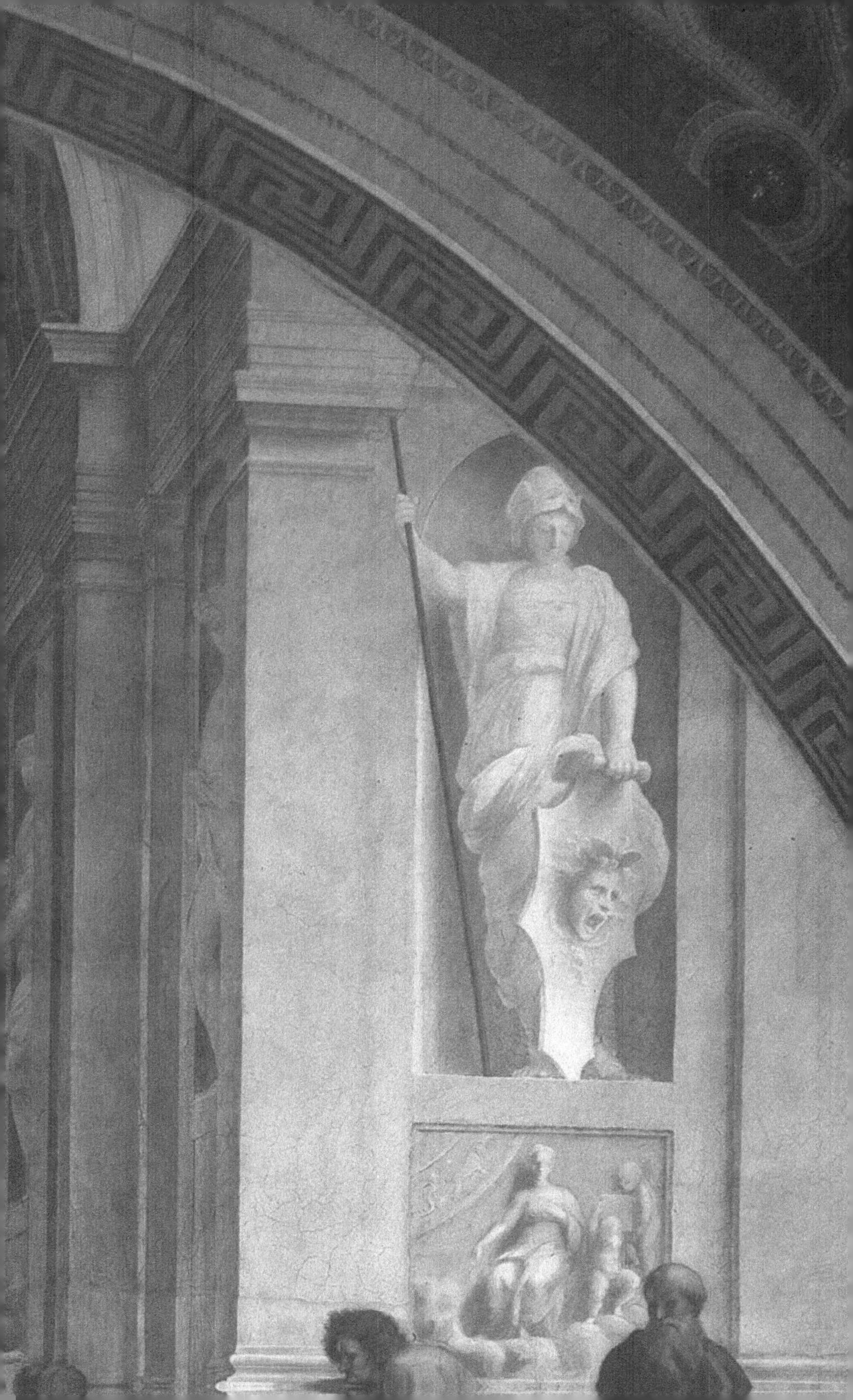

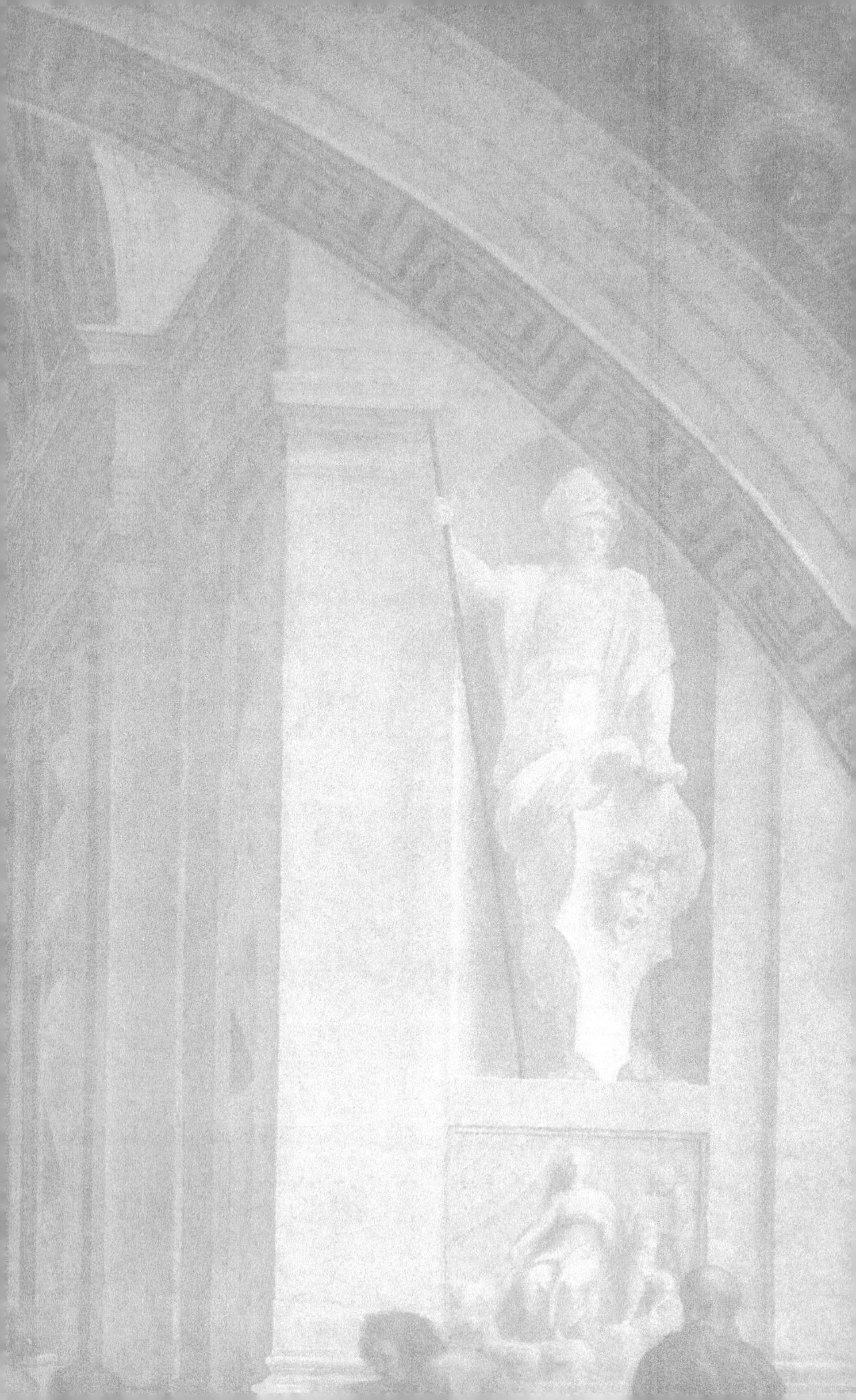

bibliografia comentada

A seguir, apresentamos uma bibliografia comentada que irá auxiliá-lo, leitor, no aprofundamento de seus estudos.

ARIÉS, P.; DUBY, G. (Org.). **História da vida privada**: da Europa feudal à Renascença. São Paulo: Companhia das Letras, 1990. v. 2.

ARIÉS, P.; DUBY, G. (Org.). **História da vida privada**: do Império Romano ao ano mil. São Paulo: Companhia das Letras, 1989. v. 1.

As obras reúnem uma coleção de textos de diversos autores com olhar diferenciado sobre a história, atento aos sentimentos e às mentalidades dos indivíduos de cada época. Os textos buscam captar o imaginário social e reconstituir o ambiente da vida cotidiana dos períodos. Esse enfoque histórico é rico em detalhes e permite que o leitor mergulhe na vida medieval, vendo-a pelo olhar dos homens e das mulheres daquela época.

BAKHTIN, M. **Cultura popular na Idade Média e no Renascimento**: o contexto de François Rabelais. São Paulo: Hucitec; Ed. da UnB, 1987.

Filósofo russo e adepto do marxismo, Bakhtin faz uma leitura histórica com base em uma concepção dialética e materialista, buscando apreender a história como um diálogo social, de modo a envolver os diferentes sujeitos que a fazem e dela participam. Ao estudar o famoso escritor Rabelais, Bakhtin quer chamar a atenção para as relações sociais das épocas estudadas e o modo como a linguagem e seus sujeitos revelam o funcionamento das estruturas sociais e das relações entre as classes.

BARK, W. C. **Origens da Idade Média**. Rio de Janeiro: Zahar, 1979.

Trata-se de um estudo que busca reconstituir o contexto da queda do Império Romano e os fatores que levaram ao surgimento da Idade Média. Bark apresenta sua análise atento às relações entre Roma e suas fronteiras, à fragilização militar e ao colapso de sua economia.

HUIZINGA, J. **O declínio da Idade Média**: um estudo sobre as formas de vida, pensamento e arte em França e nos Países Baixos nos séculos XIV e XV. Lisboa: Ulisseia, [S.d.].

Huizinga se notabilizou por sua abordagem original e até polêmica do período medieval. Entre suas conclusões, ele afirma que as condições para o início do Renascimento já existiam dentro da própria realidade medieval. Seu estudo ainda aprofunda questões filosóficas daquele período, mostrando as influências e implicações da doutrina cristã sobre a realidade social e as estruturas de poder da época.

LEWIS, L. D. **O islã e a formação da Europa de 570 a 1215**. Barueri: Amarylis, 2010.

Na obra, Lewis traça um percurso histórico do islã, chamando a atenção para os principais acontecimentos e nomes envolvendo a expansão islâmica pela Europa. Trata-se de uma obra que ajuda a entender as disputas internas dentro do Império Turco-Otomano e a relação entre religião e poder.

POLESI, R. **Ética antiga e medieval**. Curitiba: InterSaberes, 2014.

Embora o foco desse livro seja a discussão sobre a ética, Polesi reúne também aspectos históricos do período medieval e apresenta alguns elementos relacionados aos autores clássicos dessa época, iniciando os estudos com as escolas helenísticas e indo até o fim da escolástica.

SILVA, V. K.; SILVA H. M. **Dicionário de conceitos históricos**. 3. ed. São Paulo: Contexto, 2010.

Trata-se de uma obra de referência muito importante para o desenvolvimento dos estudos históricos. Contém verbetes pertinentes à Era Medieval e assuntos correlatos, nos quais os autores apresentam uma exposição técnica e minuciosa sobre cada tema, indicando uma bibliografia complementar para aprofundamento dos estudos.

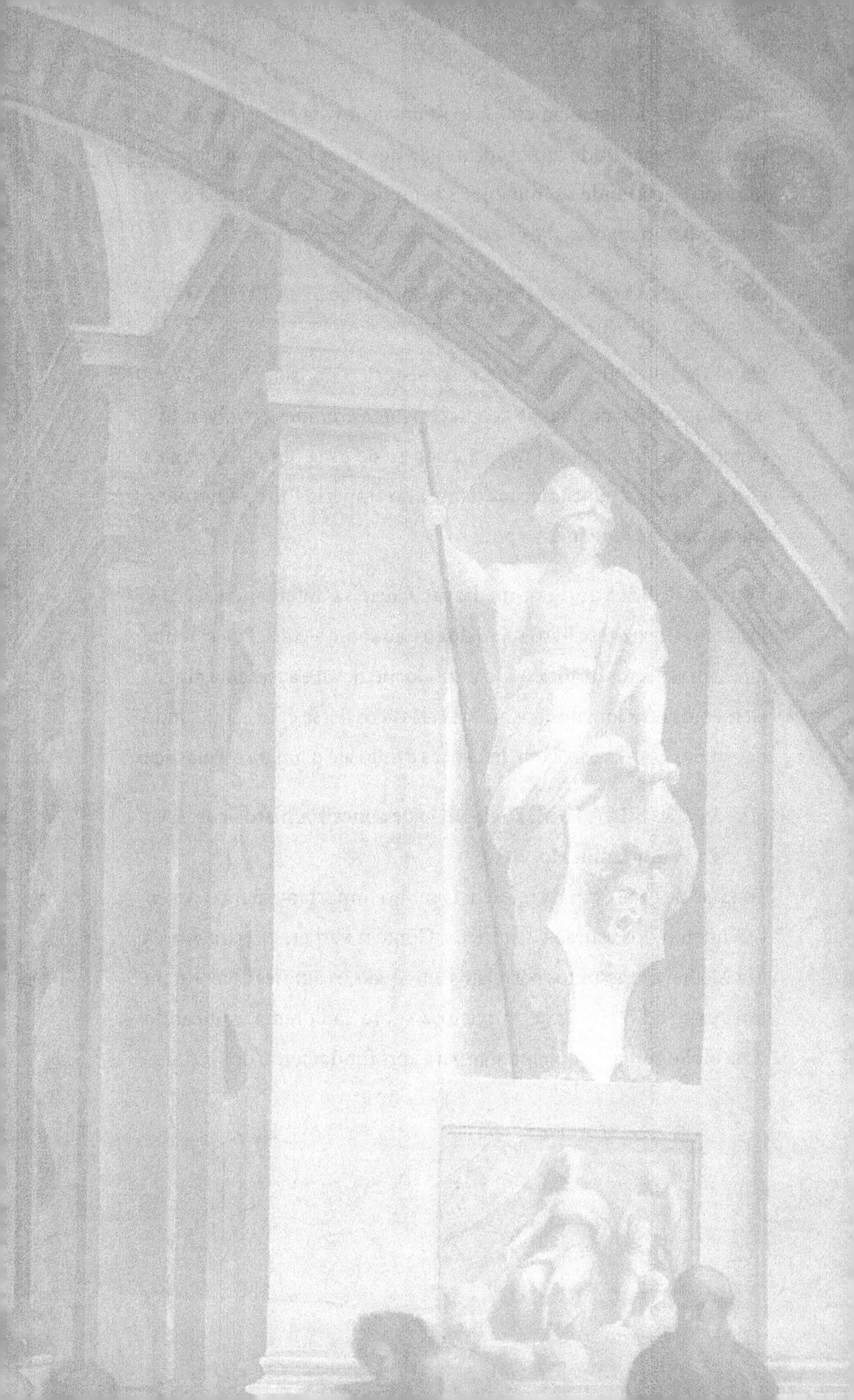

respostas

Capítulo 1

Atividades de autoavaliação
1. b
2. a
3. a
4. b
5. a

Atividades de aprendizagem

Questões para reflexão

1. A Inquisição exerceu o papel de controle social e auxiliar na manutenção da ordem estabelecida. Sua atuação tinha dois focos, o religioso e o político.
2. A expressão representa a condição dos que se colocavam contra a doutrina católica ou se revoltavam com a condição da vida social e da pobreza entre os camponeses. Os insurgentes eram ameaçados e punidos tanto no plano religioso e espiritual (a cruz) quanto no plano social e político (a espada).
3. Resposta pessoal.
4.

Aspectos positivos	Aspectos negativos
• Desenvolvimento da teologia; • Arte; • Lógica; • Arquitetura.	• Conservadorismo; • Tradicionalismo; • Autoritarismo; • Fanatismo religioso; • Opressão política, social e religiosa.

Atividade aplicada: prática

A sociedade romana estava dividida entre patrícios (notáveis) e plebeus (povo em geral). Havia muitos escravos, pobres e miseráveis na cidade. A concentração de terras e de riquezas nas mãos dos oligarcas criou um clima de tensão social que favoreceu a revolta, da qual Spartacus foi um dos líderes.

Capítulo 2

Atividades de autoavaliação
1. b
2. c
3. c
4. c
5. c

Atividades de aprendizagem

Questões para reflexão

1. Transcendência refere-se às realidades supraterrenas relacionadas aos conceitos de Deus, céu, espírito etc. *Imanência* diz respeito às realidades humanas e terrenas ligadas ao homem, seu corpo, seus desejos e sua humanidade. *Sagrado*, por sua vez, refere-se à religião, seus símbolos, valores, crenças e divindades, enquanto *profano*, utilizado em oposição à ideia de sagrado, tem relação com o que é mundano.

2. Resposta pessoal.

3. Resposta pessoal.

4. A oração em questão representa em boa medida a mentalidade da população medieval, especialmente das pessoas mais simples e religiosas. Evidencia uma profunda esperança na salvação, valoriza a fé e mostra-se pessimista em relação à condição humana de fraqueza e pecado perante Deus.

Atividade aplicada: prática

No filme em questão, transparece a relação entre religião, política e economia. Na visão sobre os cavaleiros templários, às vezes aparecem atitudes de fé autêntica ou de interesses pessoais. Ao longo da narrativa, são abordados os aspectos do fanatismo e do fundamentalismo existentes nos dois lados das batalhas, tanto de cristãos quanto de muçulmanos.

Capítulo 3

Atividades de autoavaliação

1. a
2. d
3. a
4. a
5. b

Atividades de aprendizagem

Questões para reflexão

1. Para Santo Agostinho, o homem é livre e, portanto, responsável por suas ações.

2. Sim, porque, para Santo Agostinho, irá prevalecer a justiça divina e cada indivíduo será julgado por suas ações e omissões na prática do bem e da justiça.

3. Para Santo Agostinho, a fé representa a ação do espírito que concede ao homem a graça de conhecer a Deus. Trata-se de um conhecimento intuitivo que não passa necessariamente pela razão. Muito mais importante do que compreender racionalmente a Deus é aceitar pela fé sua existência e sua vontade.

4. Resposta pessoal.

Atividades aplicadas: prática

1. Assim como Boécio estudou e utilizou a filosofia para resolver suas questões pessoais, principalmente durante o tempo em que ficou preso aguardando sua execução, também a filosofia clínica busca, por meio dos conhecimentos elaborados pela filosofia acadêmica, ajudar as pessoas em suas demandas existenciais.

2. Resposta pessoal.

Capítulo 4

Atividades de autoavaliação

1. a
2. b
3. a
4. c
5. a

Atividades de aprendizagem

Questões para reflexão

1. Existem limites em nossa linguagem para a descrição dos objetos. As características comuns atribuídas aos seres individuais pertencem a esses seres, mas não em sentido absoluto. De fato, os conceitos só são possíveis por existirem certas semelhanças entre os objetos.

2. A posição de Santo Tomás de Aquino segue na direção de um realismo moderado, o que permite falar e pensar em conceitos metafísicos, que são a base da teologia cristã.

3. O conceito de *verdade* no contexto do Medievo está vinculado ao peso que tem a autoridade da Igreja e do que está consolidado em sua doutrina oficial, e não tanto ao aspecto racional e à validade de seus argumentos.

Atividade aplicada: prática

Elaboração de um texto livre e pessoal.

Capítulo 5

Atividades de autoavaliação

1. b
2. c
3. a
4. d
5. d

Atividades de aprendizagem

Questões para reflexão

1. Ambas são religiões monoteístas, foram influenciadas pela tradição judaica e buscaram, por meio de seus teólogos e filósofos, aproximar a fé e a razão, a filosofia e a teologia.

2. O contato dos árabes com a cultura clássica greco-latina possibilitou a preservação dessa sabedoria e a preparação do Ocidente para o Renascimento. Os árabes islâmicos foram os grandes divulgadores da filosofia grega, produzindo transcrições, traduções, comentários e obras originais que tiveram como interlocutores Platão e Aristóteles.

3. Aristóteles e Platão representam os dois polos de onde partiu a produção da filosofia árabe.

Atividade aplicada: prática

Produção pessoal.

Capítulo 6

Atividades de autoavaliação
1. b
2. b
3. d
4. a
5. c

Atividades de aprendizagem

Questões para reflexão

1. A visão de Maimônides é de caráter teísta e criacionista, buscando entender o mundo e a vida humana pela ação criadora e interventora de Deus. Seus argumentos se baseiam em grande parte no livro sagrado do judaísmo, a Torá. O *Big Bang* representa uma teoria científica sobre a origem do mundo sem necessariamente recorrer ao pressuposto de um ser divino como causa do Universo.

2. O objetivo de Maimônides é explicar Deus pelo que ele não é, ou pelo que a ele não se pode atribuir. Com esse viés, o autor busca evitar que a doutrina sobre Deus sofra influências das projeções humanas, o que ele chama de *antropomorfização de Deus*.

3. Texto de interpretação livre.

4. Moral autônoma é aquela que se baseia na própria racionalidade humana. Moral teônoma é a moral que se baseia em ensinamentos religiosos e que fundamenta seus valores e normas em livros sagrados e na autoridade dos líderes e fundadores de uma religião. Um bom exemplo é a lei mosaica dos dez mandamentos (o Decálogo).

Atividade aplicada: prática

Resposta pessoal.

sobre o autor

Everson Araujo Nauroski tem formação em Filosofia, Filosofia Clínica, Psicanálise, Sociologia, Pedagogia, História e Direito.

É doutor e pós-doutor em Sociologia pela Universidade Federal do Paraná (UFPR). Atualmente, atua como filósofo clínico e psicanalista, além de ser professor e escritor. Tem livros e artigos publicados em suas áreas de formação.

E-mail: eversonnauroski@gmail.com

Também atua como consultor e palestrante.

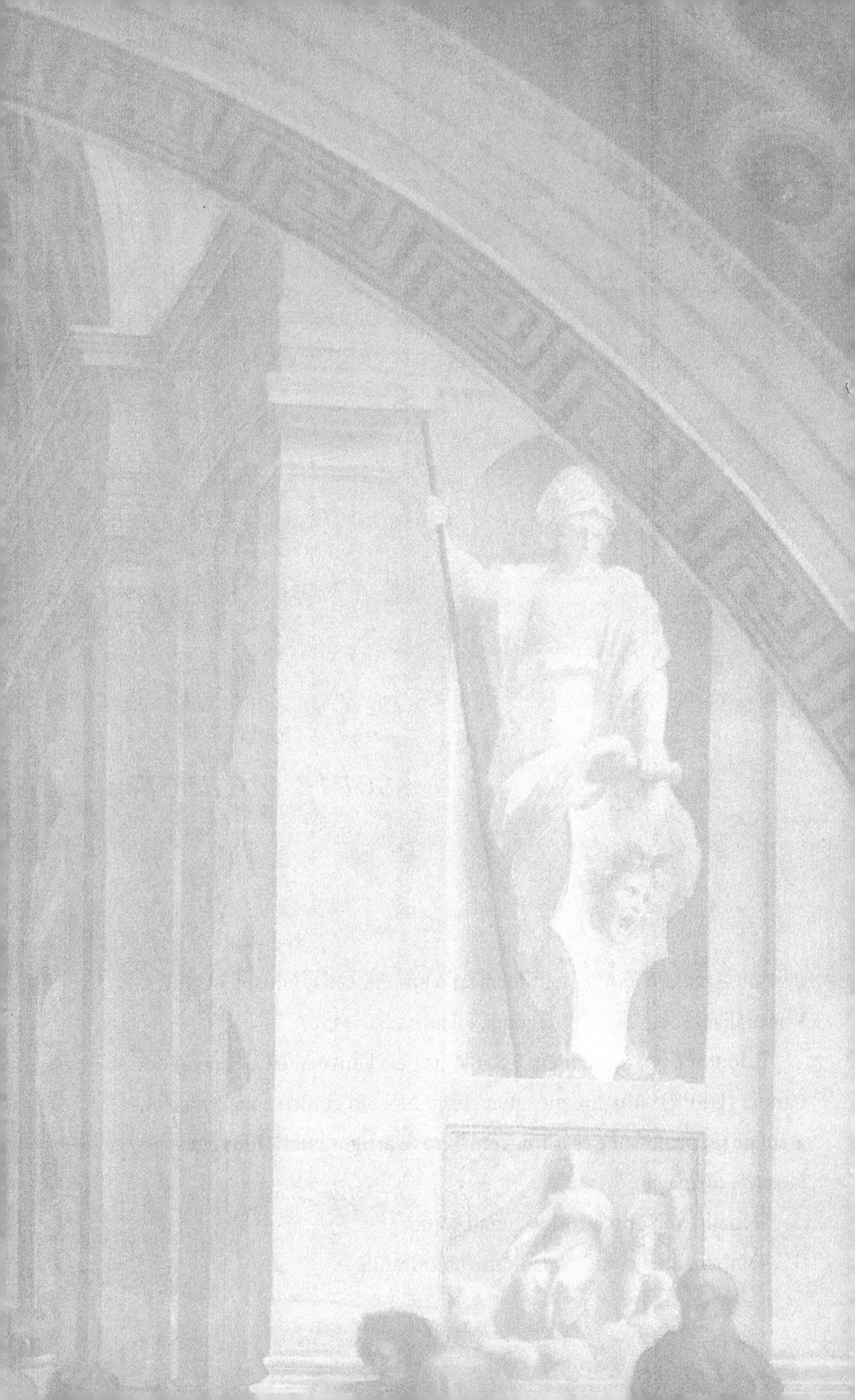

SANZIO, R. *A Escola de Atenas (Scuola di Atene)*.
1509-1510. 500 cm × 770 cm; color.
Stanza della Segnatura, Palácio Apostólico:
Cidade do Vaticano.

Impressão:
Janeiro/2024